Atentados
y Magnicidios famosos
30 casos reales

Phillips Tahuer
Ediciones Afrodita

Contenido

Introducción

A lo largo de la historia, los líderes mundiales han ocupado posiciones de inmenso poder y responsabilidad, pero también han sido blanco de violentas conspiraciones que buscan cambiar el curso de la política y la sociedad a través de la fuerza. Los atentados y magnicidios, más allá de los eventos trágicos que representan, han sido reflejo de tensiones profundas, conflictos ideológicos y luchas de poder, marcando puntos de inflexión en la historia de sus naciones y, en algunos casos, del mundo entero.

Este libro recopila 30 casos reales y emblemáticos de atentados y magnicidios que han truncado o puesto en grave peligro la vida de importantes mandatarios. Desde líderes que cayeron bajo el filo de la traición, como Julio César, hasta aquellos que sobrevivieron contra todo pronóstico, como Ronald Reagan o Fidel Castro, estos relatos muestran cómo las decisiones políticas, las rivalidades personales, y los movimientos sociales fueron el telón de fondo de estas acciones violentas.

Cada caso presentado en este libro no solo narra los detalles del atentado en sí, sino que también explora el contexto político y social que lo originó. Ya sea por revoluciones, guerras civiles, ideologías extremistas, o simples vendettas, estos atentados son el reflejo de una constante en la historia humana: la insatisfacción con el poder establecido y el intento de redefinir el futuro por medios drásticos.

Algunos de estos magnicidios han desencadenado guerras, mientras que otros han sido utilizados para consolidar o debilitar regímenes. Las razones que llevaron a estos ataques son tan variadas como las figuras que los sufrieron, pero todos tienen en común la búsqueda de un cambio radical, muchas veces sin importar el costo.

En este recorrido por algunos de los episodios más sombríos de la historia política, se revelan no solo los actos en sí, sino también las fuerzas ocultas que los impulsaron, demostrando cómo el destino de los líderes y el de las naciones han estado, en muchas ocasiones, inextricablemente unidos.

1.   El atentado contra Julio César: El fin de la República Romana

El asesinato de Julio César, ocurrido el 15 de marzo del año 44 a.C., es uno de los episodios más famosos de la historia antigua. Este magnicidio no solo acabó con la vida de uno de los líderes más influyentes de Roma, sino que también selló el destino de la República Romana, dando paso al Imperio.

Para comprender el asesinato de Julio César, es crucial situarlo dentro de una crisis prolongada que vivía la República Romana en el siglo I a.C. Durante este período, Roma estaba experimentando tensiones políticas extremas. La expansión militar había llevado a Roma a convertirse en una superpotencia, pero este crecimiento también exacerbó la desigualdad económica y aumentó la corrupción en el seno del gobierno. La clase senatorial, que gobernaba Roma, estaba dividida en dos grandes facciones: los populares, que apoyaban reformas que beneficiaran a las clases bajas y buscaban un mayor control de los líderes populares, y los optimates, defensores del poder aristocrático tradicional del Senado.

Julio César se alió con los populares, quienes promovían reformas que limitaban el poder del Senado y favorecían a la plebe. A lo largo de su carrera, César ascendió rápidamente, en gran parte debido a su carisma, habilidad política y victorias militares, especialmente durante la conquista de las Galias (58-50 a.C.). Sin embargo, sus ambiciones lo pusieron en confrontación directa con los optimates, quienes lo veían como una amenaza a la república oligárquica.

En el año 49 a.C., las tensiones entre César y el Senado llegaron a un punto crítico. César había acumulado un gran poder militar como general de las legiones en las Galias, y muchos senadores, encabezados por Pompeyo, comenzaron a verlo como un dictador en potencia. El Senado, dominado por los optimates, exigió que César disolviera su ejército y regresara a Roma como ciudadano privado. César, consciente de que sería procesado por sus enemigos si lo hacía, decidió cruzar el Rubicón con sus tropas, un acto que desencadenó una guerra civil contra Pompeyo y sus aliados.

César salió victorioso de la guerra civil, y en los años posteriores consolidó su poder como dictador perpetuo, una posición que, en la práctica, lo convirtió en el líder supremo de Roma. Aunque intentó aplicar reformas importantes, como la expansión del Senado y la redistribución de tierras, muchos lo vieron como el fin de la república. A pesar de sus promesas de restaurar el orden republicano, el control casi total que ejercía sobre el gobierno y el ejército generó temor en la clase política.

El asesinato de Julio César fue el resultado de una conspiración orquestada por un grupo de senadores que creían que su poder era una amenaza mortal para la república. Estos hombres, que se consideraban defensores de las antiguas tradiciones republicanas, temían que César estuviera preparando el terreno para convertirse en rey, una posición odiada en la historia romana desde la expulsión de los monarcas etruscos en el siglo VI a.C.

Uno de los conspiradores clave fue Marco Junio Bruto, quien, a pesar de ser cercano a César y estar vinculado a él por lazos familiares, era un ferviente republicano. Otros como Cayo Casio Longino también se unieron a la conspiración, convencidos de que la única forma de salvar la república era eliminar a César.

A medida que el poder de César crecía, también lo hacía la paranoia entre los senadores. En febrero del 44 a.C., el Senado le concedió el título de "dictador perpetuo", lo que muchos interpretaron como una señal de que César ya no tenía intención de devolver el poder al Senado o de restaurar el equilibrio republicano. La situación se agravó cuando César no rechazó los símbolos de la monarquía. Según Plutarco, en una ocasión durante las Lupercales, una festividad romana, Marco Antonio ofreció una corona a César, quien la rechazó simbólicamente, pero la escena dejó dudas sobre sus verdaderas intenciones.

El 15 de marzo del 44 a.C., en los idus de marzo, los conspiradores ejecutaron su plan. Sabían que César acudiría al Senado, donde lo esperaban con armas ocultas bajo sus togas. Mientras César se sentaba en la Curia de Pompeyo, fue rodeado por los conspiradores, quienes, uno a uno, lo apuñalaron. Se dice que César recibió 23 puñaladas en total, aunque solo una fue mortal.

La muerte de Julio César fue un evento brutal y caótico. Según las fuentes, César intentó defenderse al principio, pero al reconocer a Bruto entre los atacantes, habría exclamado la famosa frase: "¿Tú también, Bruto?" (aunque algunos historiadores dudan de la autenticidad de estas palabras).

Los conspiradores, conocidos como los Liberatores, creyeron que, al asesinar a César, restaurarían la república. Sin embargo, su plan fracasó. En lugar de salvar a Roma, el asesinato de César desató una nueva ola de guerras civiles que eventualmente condujeron al ascenso de su hijo adoptivo, Octavio (Augusto), y a la instauración del Imperio Romano.

El pueblo romano, lejos de celebrar la muerte de César, se enfureció. César era extremadamente popular entre las clases bajas y los veteranos de guerra, quienes lo consideraban su defensor. En los días posteriores a su asesinato, su funeral se convirtió en un acto de protesta masivo, y los conspiradores se vieron obligados a huir de Roma.

Finalmente, la muerte de César no evitó el fin de la república; por el contrario, aceleró la transición hacia un nuevo sistema político. La historia de su asesinato, cargada de simbolismo, sigue siendo un recordatorio de cómo el poder, la ambición y la traición pueden cambiar el curso de la historia.

2.   El asesinato de Abraham Lincoln: Un crimen que marcó la historia de Estados Unidos

El 14 de abril de 1865, cinco días después del fin de la Guerra Civil estadounidense, el presidente Abraham Lincoln fue asesinado por John Wilkes Booth mientras asistía a una obra de teatro en el Teatro Ford, en Washington D.C. Este magnicidio, que tuvo un impacto profundo en la historia de Estados Unidos, no solo fue el trágico final de la vida de uno de los presidentes más emblemáticos del país, sino también un reflejo de las divisiones profundas que seguían afectando a la nación tras el conflicto más sangriento de su historia.

Para entender el asesinato de Abraham Lincoln, es esencial comprender la situación política y social que atravesaba Estados Unidos a mediados del siglo XIX. La Guerra Civil estadounidense (1861-1865) fue un conflicto entre el Norte (la Unión) y el Sur (los Estados Confederados), que surgió principalmente a raíz de las tensiones sobre la esclavitud y los derechos de los estados.

Abraham Lincoln fue elegido presidente en 1860 como candidato del Partido Republicano, una plataforma política opuesta a la expansión de la esclavitud en los nuevos territorios de los Estados Unidos. Su elección fue vista como una amenaza existencial para los estados del sur, cuya economía y sociedad dependían del trabajo esclavo. Poco después de su elección, siete estados del sur se separaron de la Unión y formaron los Estados Confederados de América, a los que posteriormente se unieron otros cuatro estados.

La guerra que siguió fue brutal, dejando más de 600,000 muertos, y se convirtió en una lucha no solo por la preservación de la Unión, sino también por la abolición de la esclavitud. El 1 de enero de 1863, Lincoln emitió la Proclamación de Emancipación, un documento que declaraba libres a todos los esclavos en los estados rebeldes. Esta medida, aunque no eliminaba de inmediato la esclavitud en todo el país, simbolizaba el compromiso del gobierno de la Unión con el fin de esta institución.

A medida que la guerra avanzaba, las victorias de la Unión, como la Batalla de Gettysburg en 1863 y la rendición de las fuerzas confederadas en abril de 1865, aseguraron la victoria del Norte. Sin embargo, aunque la guerra estaba llegando a su fin, las tensiones en torno a la reconstrucción del país y la integración de los exesclavos en la sociedad estadounidense continuaban creando un ambiente volátil.

El asesinato de Lincoln fue llevado a cabo por John Wilkes Booth, un actor conocido y ferviente simpatizante de la causa confederada. Booth, nacido en una familia prominente de actores, era un partidario acérrimo de la esclavitud y un crítico vehemente de Lincoln. Consideraba al presidente como un tirano que había destruido el sur, y su odio hacia Lincoln creció a medida que la guerra avanzaba.

Aunque Booth disfrutaba de una carrera exitosa en el teatro, su ideología lo llevó a involucrarse en actividades más radicales. En un principio, no planeaba asesinar a Lincoln, sino secuestrarlo y usarlo como moneda de cambio para forzar a la Unión a liberar prisioneros confederados. Sin embargo, a medida que la guerra llegaba a su fin y las fuerzas confederadas estaban en retirada, Booth decidió tomar una acción más drástica: asesinar al presidente, con la esperanza de desestabilizar al gobierno y revitalizar la causa confederada.

Booth no actuó solo; formaba parte de una conspiración más amplia que incluía a varios cómplices, quienes también planeaban asesinar a otros líderes del gobierno de la Unión, incluidos el vicepresidente Andrew Johnson y el secretario de Estado William Seward. Booth creía que eliminando a estos líderes clave, sumiría al gobierno en el caos, lo que permitiría a los simpatizantes confederados reagruparse y retomar el control.

El 14 de abril de 1865, Booth se enteró de que Lincoln asistiría esa noche a una representación de la obra "Our American Cousin" en el Teatro Ford. Aprovechando su conocimiento del lugar y su acceso como actor, Booth planeó entrar al palco presidencial durante la obra y asesinar a Lincoln. Esa misma noche, otros miembros de la conspiración intentaron matar a William Seward en su casa, aunque fracasaron, y otro cómplice debía asesinar al vicepresidente, pero se acobardó en el último momento.

Booth esperó hasta que el momento de la obra generara risas y entró sigilosamente al palco donde estaban Lincoln, su esposa Mary Todd Lincoln, el mayor Henry Rathbone y su prometida. Aproximadamente a las 10:15 p.m., Booth disparó a Lincoln en la cabeza a quemarropa con una pistola derringer. Después de disparar, Booth saltó desde el palco al escenario y, según los informes, gritó "¡Sic semper tyrannis!" (así siempre a los tiranos, una frase atribuida a Bruto en el asesinato de Julio César).

Lincoln, gravemente herido, fue llevado de inmediato a una casa cercana, donde permaneció en coma durante varias horas antes de morir a las 7:22 a.m. del 15 de abril de 1865.

El asesinato de Lincoln conmocionó a la nación. La alegría por la victoria sobre la Confederación y el fin de la guerra se transformó rápidamente en luto. Lincoln se había convertido en una figura casi sagrada para muchos estadounidenses, especialmente en el Norte, por su liderazgo durante la guerra y su compromiso con la abolición de la esclavitud.

Tras el asesinato, Booth huyó de Washington con la ayuda de cómplices y permaneció prófugo durante 12 días, hasta que fue encontrado en una granja en Virginia, donde murió tras ser disparado por soldados de la Unión. Sus cómplices fueron capturados y llevados a juicio; cuatro de ellos fueron ejecutados por su papel en el complot.

La muerte de Lincoln tuvo un profundo impacto en el curso de la Reconstrucción. El sucesor de Lincoln, el vicepresidente Andrew Johnson, asumió la presidencia en un momento crítico de la historia estadounidense. Aunque Johnson intentó seguir las políticas de reconciliación de Lincoln con el sur, sus posturas más indulgentes hacia los antiguos líderes confederados y su resistencia a la plena integración de los afroamericanos en la vida política generaron fuertes enfrentamientos con el Congreso, controlado por los republicanos radicales.

El asesinato de Lincoln eliminó a un líder moderado que probablemente habría podido manejar de manera más efectiva las tensiones del período de reconstrucción. Bajo el liderazgo de Johnson, la Reconstrucción se convirtió en un proceso mucho más divisivo, lo que llevó a años de conflicto político y social en el sur, así como a la creación de leyes que intentaron revertir algunos de los avances logrados durante la guerra.

Lincoln se convirtió en un mártir para la causa de la libertad y la unidad, y su legado como el presidente que preservó la Unión y abolió la esclavitud sigue siendo uno de los más poderosos en la historia estadounidense.

3.   El atentado contra James A. Garfield: Un crimen político en el auge de la corrupción y el nepotismo

El presidente James A. Garfield fue asesinado en Washington D.C. el 2 de julio de 1881 por Charles J. Guiteau, un frustrado solicitante de cargos gubernamentales. Aunque Garfield sobrevivió al disparo inicial, su muerte el 19 de septiembre de 1881, tras 79 días de sufrimiento, se debió en gran parte a la falta de atención médica adecuada. El asesinato de Garfield sacudió a la nación y destacó las tensiones políticas en torno al sistema de patronazgo político y la corrupción que impregnaba el gobierno de los Estados Unidos a finales del siglo XIX.

Para entender las causas que llevaron al asesinato de Garfield, es crucial conocer el ambiente político que predominaba en Estados Unidos en la década de 1880. En ese tiempo, el sistema de patronazgo político (también conocido como el "spoils system") estaba profundamente arraigado en el gobierno. Este sistema permitía a los funcionarios electos, especialmente al presidente, nombrar a sus seguidores y aliados políticos para ocupar cargos públicos. Estos nombramientos solían estar basados en lealtades políticas en lugar de méritos o cualificaciones, lo que fomentaba la corrupción y el nepotismo.

Después de la Guerra Civil estadounidense, la corrupción se había extendido en varias agencias gubernamentales, y muchos políticos utilizaban sus posiciones para recompensar a sus aliados y afianzar su poder. Aunque este sistema beneficiaba a los líderes políticos, también provocaba un creciente malestar en sectores del país que abogaban por una reforma del servicio civil basada en el mérito y la competencia. A finales de la década de 1870, esta cuestión se convirtió en uno de los temas más polarizantes en la política estadounidense.

James A. Garfield fue elegido presidente en 1880 como candidato del Partido Republicano, pero su elección no fue un camino fácil. El Partido Republicano estaba dividido en dos facciones principales: los "stalwarts", liderados por Roscoe Conkling, que defendían el sistema de patronazgo y se oponían a la reforma del servicio civil; y los "half-breeds", que abogaban por la reforma política y la eliminación de la corrupción en el gobierno. Garfield pertenecía a los "half-breeds", y su elección fue vista como una amenaza por los stalwarts, quienes temían perder su poder e influencia en el gobierno.

Tras su elección, Garfield intentó equilibrar a ambas facciones dentro de su administración, pero rápidamente se enfrentó a tensiones internas. Uno de los puntos críticos de conflicto fue su enfrentamiento con Roscoe Conkling por el nombramiento de funcionarios clave, como el puesto de colector de aduanas en Nueva York, un cargo extremadamente influyente y codiciado en esa época.

Este conflicto político interno y las demandas de patronazgo no solo exacerbaron las divisiones en el Partido Republicano, sino que también alimentaron las frustraciones de aquellos que esperaban obtener cargos gubernamentales en base a promesas políticas. Entre estos se encontraba Charles J. Guiteau, quien creyó erróneamente que había jugado un papel importante en la elección de Garfield y esperaba una recompensa en forma de un puesto diplomático.

Charles J. Guiteau era un abogado fracasado y un oportunista con delirios de grandeza. Había escrito un panfleto en apoyo de la candidatura de Garfield y, a raíz de ello, comenzó a solicitar un cargo gubernamental, creyendo que su apoyo había sido crucial para la victoria de Garfield. Guiteau estaba convencido de que merecía un puesto diplomático, específicamente el cargo de cónsul en París, a pesar de no tener ninguna experiencia ni credenciales para ocupar dicho puesto.

Durante meses, Guiteau acosó a miembros del gobierno con cartas y peticiones para que Garfield le concediera el cargo que anhelaba, pero sus solicitudes fueron ignoradas. A medida que pasaba el tiempo y sus esperanzas de obtener un puesto se desvanecían, Guiteau desarrolló un profundo resentimiento hacia el presidente. A través de una serie de delirios, llegó a creer que estaba destinado a matar a Garfield para "salvar a la nación" y unir al Partido Republicano bajo el liderazgo de los stalwarts.

En la mente de Guiteau, su acto sería visto como un sacrificio patriótico, y esperaba ser recompensado o al menos glorificado por sus acciones. Este razonamiento irracional y megalómano lo llevó a tomar la decisión de asesinar a Garfield.

El 2 de julio de 1881, Charles Guiteau siguió al presidente James A. Garfield hasta la estación de tren de Baltimore y Potomac en Washington D.C. Garfield se dirigía a una visita oficial, acompañado por su secretario de Estado, James G. Blaine. Sin escolta de seguridad (algo común en esa época), Garfield caminaba despreocupadamente cuando Guiteau, armado con un revólver, se acercó y le disparó por la espalda dos veces.

Uno de los disparos hirió a Garfield en el brazo, mientras que el otro se alojó en su espalda, cerca de la columna vertebral. Aunque Garfield no murió en el acto, sus heridas fueron graves, y los médicos lucharon durante semanas para salvar su vida. Lamentablemente, las técnicas médicas inadecuadas y la falta de comprensión de la antisepsia en ese momento empeoraron la situación. Los médicos utilizaron instrumentos no esterilizados y sondaron las heridas repetidamente en busca de la bala, lo que provocó infecciones fatales.

A pesar de su resistencia, Garfield sucumbió a las infecciones y falleció el 19 de septiembre de 1881, 79 días después de haber sido herido.

Tras el atentado, Guiteau fue inmediatamente arrestado y juzgado por asesinato. Durante su juicio, Guiteau se mostró errático, interrumpía al tribunal y se proclamaba como un instrumento divino. Aunque intentó argumentar que no era responsable de sus actos debido a su creencia en un "mandato divino", el tribunal lo declaró culpable. Fue condenado a muerte y ejecutado en la horca el 30 de junio de 1882.

El asesinato de Garfield, aunque cometido por un hombre mentalmente inestable, puso de relieve la toxicidad del sistema de patronazgo que fomentaba expectativas irracionales entre los seguidores políticos. Guiteau no era el único solicitante frustrado por el sistema, pero su caso se destacó por la violencia a la que condujo su frustración.

El magnicidio de Garfield tuvo un impacto profundo en la política estadounidense, especialmente en lo relacionado con la reforma del sistema de patronazgo. Su sucesor, el vicepresidente Chester A. Arthur, un antiguo stalwart, inicialmente era visto como un defensor del sistema de patronazgo, pero el asesinato de Garfield lo impulsó a cambiar de postura.

En 1883, bajo la presidencia de Arthur, se aprobó la Ley Pendleton de Reforma del Servicio Civil, que estableció un sistema basado en el mérito para la contratación de funcionarios públicos. La ley creó la Comisión de Servicio Civil, que supervisaba los exámenes competitivos para seleccionar a los empleados del gobierno, poniendo fin, en gran medida, al sistema de recompensas políticas que había dominado durante décadas.

La reforma del servicio civil fue una de las principales consecuencias del asesinato de Garfield y un paso crucial en la lucha contra la corrupción y el nepotismo en el gobierno de los Estados Unidos. Además, su muerte provocó un mayor reconocimiento de la necesidad de mejorar la seguridad de los funcionarios públicos, aunque esto no se materializó por completo hasta el siglo XX.

El asesinato de James A. Garfield fue un trágico ejemplo de cómo el sistema político corrupto de patronazgo y las expectativas distorsionadas de los solicitantes de cargos gubernamentales podían llevar a la violencia. Aunque Garfield fue víctima de un hombre mentalmente inestable, su muerte tuvo un impacto duradero en la política estadounidense, contribuyendo a la implementación de reformas clave en el servicio civil.

4. El atentado contra la Reina Min de Corea: Un crimen político y el conflicto de potencias en Asia

El asesinato de la Reina Min, la última reina de la dinastía Joseon en Corea, el 8 de octubre de 1895, fue un evento crucial que marcó un punto de inflexión en la historia de Corea. El atentado fue perpetrado por agentes japoneses con la colaboración de facciones coreanas pro-japonesas, en un contexto de intensas tensiones políticas y sociales en el país. El ascenso del imperialismo japonés y la lucha de Corea por mantener su soberanía, en medio de la influencia de potencias extranjeras como Japón, China y Rusia, fueron factores clave en este magnicidio.

En la segunda mitad del siglo XIX, Corea, bajo la dinastía Joseon, estaba en medio de una grave crisis política y social. A medida que las potencias extranjeras competían por la influencia en Asia, Corea se encontraba en el centro de esta lucha de poder. Japón, China y Rusia buscaban expandir su influencia en la península coreana, y el gobierno de Corea, debilitado por la corrupción interna y la falta de reformas, estaba cada vez más vulnerable a la interferencia extranjera.

Durante siglos, Corea había mantenido una relación de tributo con China bajo la dinastía Qing, pero esta influencia se vio amenazada por la expansión del poder imperial japonés tras la Restauración Meiji en 1868. Japón, que había comenzado un proceso acelerado de modernización y expansión militar, veía a Corea como un territorio crucial para su estrategia de crecimiento imperial en Asia. Este choque de influencias y ambiciones entre Japón y China tuvo un impacto profundo en la política coreana.

La reina Min, cuyo nombre póstumo es Emperatriz Myeongseong, se convirtió en la esposa del rey Gojong de Corea en 1866. Desde su posición como reina consorte, Min se involucró profundamente en los asuntos políticos del país, siendo una figura clave en la resistencia a la creciente influencia de Japón. Era conocida por su inteligencia política y su firme defensa de los intereses coreanos, buscando contrarrestar el expansionismo japonés mediante alianzas con otras potencias extranjeras, especialmente Rusia.

A medida que Japón consolidaba su influencia en la península coreana, la reina Min trabajó activamente para fortalecer los lazos de Corea con China y Rusia, viendo en estas alianzas una forma de frenar el avance japonés. Su postura política la convirtió en el blanco de las facciones pro-japonesas en Corea, así como de los intereses del propio gobierno japonés, que veía en ella un obstáculo para su control sobre la región.

En 1894, la Primera Guerra Sino-Japonesa (1894-1895) estalló como resultado de la competencia entre China y Japón por la influencia en Corea. La derrota de China en la guerra debilitó significativamente su posición en Asia, y el Tratado de Shimonoseki de 1895 consolidó a Japón como la potencia dominante en Corea. Sin embargo, la reina Min continuó resistiéndose a la creciente influencia japonesa, intensificando sus esfuerzos por forjar alianzas con Rusia.

Ante la creciente resistencia de la reina Min, el gobierno japonés decidió tomar medidas drásticas. En octubre de 1895, un grupo de agentes japoneses, liderados por el coronel Miura Gorō, junto con facciones coreanas pro-japonesas, planificaron el asesinato de la reina. La intención detrás del atentado era eliminar la principal figura de resistencia a la dominación japonesa y consolidar el control de Japón sobre la política coreana.

En la madrugada del 8 de octubre de 1895, los asesinos, disfrazados de soldados coreanos, irrumpieron en el Palacio Gyeongbokgung en Seúl. Atacaron brutalmente a la reina Min, asesinándola en sus aposentos. Los detalles del asesinato son escalofriantes; después de matarla, su cuerpo fue quemado para borrar cualquier evidencia del crimen. El asesinato fue ejecutado de manera tan violenta que sacudió no solo a Corea, sino también a la comunidad internacional, debido a la brutalidad del ataque y la participación directa de Japón.

El asesinato de la reina Min tuvo profundas repercusiones en la política coreana y en las relaciones internacionales de la región. Su muerte eliminó la principal barrera a los intereses japoneses en Corea, lo que permitió a Japón consolidar aún más su influencia sobre el país. Tras el asesinato, Japón impuso un mayor control sobre la administración coreana, y el rey Gojong, temiendo por su vida, buscó refugio en la embajada rusa en 1896, lo que marcó un momento de tensión diplomática entre Rusia y Japón.

A pesar de los intentos de Gojong de resistir la influencia japonesa, el magnicidio de la reina Min debilitó severamente la posición de Corea. Con la reina fuera del escenario político, Japón pudo implementar una serie de reformas y consolidar su poder en la península. Este proceso culminó en la anexión de Corea por Japón en 1910, un hecho que fue precedido por la creciente influencia japonesa en la región tras la derrota de Rusia en la Guerra Ruso-Japonesa (1904-1905).

El asesinato de la reina Min no solo fue un punto de inflexión en la historia de Corea, sino que también dejó un legado duradero en el desarrollo del nacionalismo coreano. A pesar de los esfuerzos japoneses por borrar su memoria, la reina Min se convirtió en un símbolo de la resistencia coreana contra el imperialismo extranjero. Su valentía y su firme oposición a la ocupación extranjera resonaron profundamente entre los coreanos, alimentando el movimiento independentista que surgiría en las décadas siguientes.

El legado de la reina Min fue reivindicado durante el siglo XX, cuando Corea finalmente logró su independencia de Japón en 1945, tras la Segunda Guerra Mundial. Su memoria sigue siendo honrada como la de una líder valiente que luchó hasta el final por la soberanía y la dignidad de Corea frente a las amenazas extranjeras.

5. El atentado contra William McKinley: Un crimen anarquista en la era del Imperialismo Americano

El asesinato del presidente William McKinley el 6 de septiembre de 1901, durante una visita a la Exposición Panamericana en Buffalo, Nueva York, fue un hecho que conmocionó a Estados Unidos. El presidente fue disparado a quemarropa por Leon Czolgosz, un anarquista de origen polaco, y murió ocho días después, el 14 de septiembre. Este atentado no fue solo un acto violento contra el presidente, sino una manifestación de las tensiones políticas y sociales que estaban emergiendo en Estados Unidos y en todo el mundo en la transición al siglo XX.

El asesinato de McKinley fue el resultado de una convergencia de factores: el auge del anarquismo internacional, la insatisfacción de sectores empobrecidos con el sistema político y económico, y las profundas transformaciones que experimentaba Estados Unidos como nueva potencia imperialista.

A finales del siglo XIX y principios del XX, Estados Unidos se encontraba en un proceso de expansión y consolidación como una potencia mundial. La Guerra Hispano-Estadounidense de 1898 marcó el inicio de la intervención directa de Estados Unidos en los asuntos globales, tras la cual el país adquirió importantes territorios, como Puerto Rico, Guam y Filipinas, y consolidó su influencia en Cuba. Esta expansión territorial y militar reflejaba las ambiciones imperialistas de una nación en auge que buscaba competir con las potencias coloniales europeas.

Sin embargo, esta expansión también generó divisiones internas en la sociedad estadounidense. Mientras que muchos celebraban el ascenso de Estados Unidos como una gran potencia, otros criticaban las implicaciones morales y políticas del imperialismo. Los movimientos antiimperialistas ganaron fuerza, argumentando que la adquisición de colonias contradecía los principios democráticos sobre los que se fundó el país.

Además, la economía estadounidense estaba atravesando una transformación radical, con el crecimiento del capitalismo industrial. Aunque esto trajo prosperidad a algunos, también exacerbó las disparidades sociales y económicas. Los trabajadores sufrían malas condiciones laborales, largas jornadas de trabajo y bajos salarios, lo que contribuyó al crecimiento de los movimientos sindicales y al surgimiento de corrientes políticas más radicales, como el socialismo y el anarquismo.

En este contexto, el anarquismo se consolidó como una ideología radical que rechazaba el Estado, la autoridad y el capitalismo, proponiendo una sociedad sin jerarquías. En Europa y Estados Unidos, el anarquismo ganó adeptos entre los trabajadores y los marginados que veían en el sistema político y económico una fuente de opresión. En particular, los anarquistas abogaban por la acción directa como una forma de lucha, y algunos veían los asesinatos políticos (conocidos como "propaganda por el hecho") como un medio legítimo para desmantelar el poder y promover la revolución.

La década de 1890 fue testigo de una serie de atentados y asesinatos en Europa y América del Norte. En 1894, el presidente francés Sadi Carnot fue asesinado por un anarquista. En 1897, la emperatriz Isabel de Austria, conocida como Sissi, también fue víctima de un ataque anarquista. Este clima de violencia política global coincidía con el surgimiento de movimientos laborales y radicales en Estados Unidos, donde los trabajadores enfrentaban explotación y represión.

Dentro de este panorama, algunos anarquistas en Estados Unidos, como Leon Czolgosz, adoptaron posturas extremas frente al gobierno y al sistema económico. Aunque el movimiento anarquista en general no aprobaba los atentados, algunos individuos aislados actuaron por su cuenta, como lo haría Czolgosz en su ataque contra William McKinley.

Leon Czolgosz nació en una familia de inmigrantes polacos y creció en la pobreza en el estado de Michigan. Trabajó en fábricas desde una edad temprana, pero perdió su empleo durante la recesión económica de 1893, una crisis que dejó a millones de estadounidenses en la miseria. Desencantado con el sistema capitalista y la sociedad de su tiempo, Czolgosz se radicalizó políticamente.

En busca de respuestas, Czolgosz comenzó a interesarse por las ideas anarquistas. Asistió a conferencias de destacados líderes anarquistas, como Emma Goldman, quien defendía una sociedad libre de opresión estatal y económica. Aunque no se unió formalmente a ningún grupo anarquista, Czolgosz adoptó la creencia de que los gobiernos eran responsables de la explotación y el sufrimiento de los trabajadores. Decidido a hacer algo para cambiar esta situación, Czolgosz se convenció de que debía asesinar al presidente como un acto simbólico para golpear al poder opresor.

Czolgosz, inspirado por el reciente asesinato del rey Humberto I de Italia en 1900 por otro anarquista, planeó su propio ataque contra McKinley. Creía que, al eliminar al presidente, desencadenaría un movimiento revolucionario y que su acto sería visto como un sacrificio por la causa de los oprimidos.

El 6 de septiembre de 1901, William McKinley estaba participando en la Exposición Panamericana en Buffalo, Nueva York, un evento internacional diseñado para mostrar los avances tecnológicos y el progreso económico de las naciones americanas. McKinley, que había sido reelegido para un segundo mandato, era popular entre gran parte del público y representaba la visión de un Estados Unidos próspero y en expansión.

Durante una recepción pública en el Templo de la Música en el recinto de la exposición, Czolgosz se acercó al presidente mientras estaba en una fila de personas esperando saludarlo. Tenía un arma oculta bajo un pañuelo en la mano. Cuando McKinley extendió su mano para estrechar la suya, Czolgosz disparó dos veces a quemarropa. Una bala rebotó en el botón de la chaqueta de McKinley, pero la otra impactó en su abdomen.

McKinley fue atendido rápidamente por médicos presentes en la exposición, pero las técnicas quirúrgicas de la época no eran avanzadas, y la herida se infectó. A pesar de los esfuerzos para salvar su vida, McKinley falleció el 14 de septiembre de 1901.

El asesinato de William McKinley tuvo profundas repercusiones en la política estadounidense. Su muerte trajo al poder al vicepresidente Theodore Roosevelt, un joven y enérgico político que asumiría la presidencia a los 42 años, convirtiéndose en el presidente más joven en la historia de Estados Unidos. Roosevelt implementaría una serie de reformas progresistas, dirigidas a limitar el poder de los grandes monopolios y mejorar las condiciones laborales, en respuesta a las tensiones sociales y políticas que habían llevado al asesinato de McKinley.

Además, el atentado contra McKinley generó una creciente paranoia y represión hacia los anarquistas y otros movimientos radicales en Estados Unidos. Poco después del asesinato, se aprobaron leyes que facilitaban la deportación de extranjeros vinculados a ideologías anarquistas, y el gobierno federal intensificó sus esfuerzos para reprimir el movimiento. El caso de Czolgosz también puso en evidencia la vulnerabilidad de los presidentes estadounidenses, lo que eventualmente llevó a una mayor protección y seguridad para los mandatarios.

6. El asesinato de Francisco I. Madero: El fin de la Revolución Democrática y el auge de la violencia militar

El asesinato de Francisco I. Madero, presidente de México, el 22 de febrero de 1913, marcó un trágico punto de inflexión en la historia política del país. Madero, un líder idealista que había encabezado la lucha contra el régimen dictatorial de Porfirio Díaz y propiciado el inicio de la Revolución Mexicana en 1910, fue traicionado por su propio ejército en lo que se conoció como la Decena Trágica, un sangriento golpe de estado orquestado por el general Victoriano Huerta.

El contexto que rodea el asesinato de Madero refleja las tensiones sociales, políticas y militares que definieron los primeros años de la Revolución Mexicana, y muestra cómo los ideales democráticos y de justicia social que Madero defendía fueron aplastados por el poder militar y los intereses de las élites conservadoras.

A inicios del siglo XX, México vivía bajo la dictadura de Porfirio Díaz, quien había gobernado el país de manera casi ininterrumpida desde 1876. El régimen de Díaz, conocido como el Porfiriato, se caracterizó por un fuerte control autoritario, el apoyo a los intereses de las élites terratenientes y empresariales, y una política de apertura al capital extranjero que favoreció el crecimiento económico, pero a costa de grandes desigualdades sociales. La mayoría de la población rural vivía en extrema pobreza, mientras que las élites acumulaban riqueza y poder.

En 1908, Díaz hizo la declaración famosa de que México estaba listo para la democracia y que no buscaría la reelección en las próximas elecciones. Esto alentó a Francisco I. Madero, un terrateniente del norte con ideales democráticos y una visión reformista, a presentarse como candidato en las elecciones presidenciales de 1910. Madero abogaba por la democracia, el sufragio efectivo y la limitación del poder de las elites. Su libro "La sucesión presidencial en 1910" llamaba a una transición pacífica del poder y fue el catalizador para la creación de un amplio movimiento que buscaba la caída de Díaz.

Sin embargo, Díaz no estaba dispuesto a renunciar al poder, por lo que manipuló las elecciones de 1910, proclamándose ganador de forma fraudulenta. Ante esta situación, Madero huyó a los Estados Unidos y desde allí lanzó el Plan de San Luis, en el que llamaba al pueblo mexicano a levantarse en armas contra el régimen de Díaz. El 20 de noviembre de 1910, comenzó la Revolución Mexicana, con Madero como su líder simbólico.

En 1911, tras varios meses de lucha revolucionaria y con el régimen de Díaz debilitado, el dictador finalmente renunció y se exilió en Francia. Madero fue elegido presidente en unas elecciones democráticas, asumiendo el cargo en noviembre de 1911. Sin embargo, su gobierno pronto se enfrentó a múltiples desafíos.

Madero creía firmemente en la necesidad de la reconciliación nacional y en la construcción de una democracia liberal, pero su enfoque moderado fue criticado tanto por sectores conservadores como por revolucionarios radicales. A pesar de que había llegado al poder gracias a una revolución, Madero se mostró reacio a implementar reformas profundas que satisficieran a los campesinos y a los trabajadores, quienes exigían una distribución justa de las tierras y mejoras laborales. Al mismo tiempo, intentó gobernar dentro de los márgenes de las instituciones porfiristas, lo que alienó a los sectores más radicales de su propio movimiento.

Entre los críticos de Madero se encontraba el líder revolucionario Emiliano Zapata, que defendía la devolución inmediata de tierras a los campesinos bajo el Plan de Ayala, y que consideraba que Madero había traicionado los ideales de la revolución. Al mismo tiempo, Pascual Orozco, otro líder revolucionario, también se rebeló contra Madero, frustrado por la falta de cambios significativos en la estructura económica y política del país.

A medida que su gobierno enfrentaba dificultades económicas, rebeliones internas y una creciente oposición de los conservadores y las elites porfiristas que deseaban restaurar el antiguo orden, Madero recurrió a las fuerzas militares para mantener el control. Sin embargo, esta decisión sería fatal. Dentro del ejército aún había muchos leales al antiguo régimen, y entre ellos estaba el general Victoriano Huerta, un militar experimentado que había sido designado por Madero para sofocar las rebeliones.

Entre el 9 y el 19 de febrero de 1913, tuvo lugar un violento levantamiento militar en la Ciudad de México conocido como la Decena Trágica. El golpe fue encabezado por el general Félix Díaz, sobrino de

Porfirio Díaz, y Bernardo Reyes, un general porfirista. Aunque Madero inicialmente confió en Huerta para defender su gobierno, el general terminó traicionándolo. Con el apoyo tácito del embajador de Estados Unidos, Henry Lane Wilson, Huerta negoció secretamente con los golpistas.

El 18 de febrero de 1913, Huerta arrestó a Madero y al vicepresidente José María Pino Suárez en un golpe de estado que marcó el final de su breve gobierno democrático. A pesar de las promesas de Huerta de respetar la vida de Madero, el 22 de febrero de 1913, Madero y Pino Suárez fueron asesinados a sangre fría mientras eran trasladados a la prisión de Lecumberri. La versión oficial afirmó que habían sido abatidos en un intento de fuga, pero fue ampliamente sabido que Huerta había ordenado su ejecución.

El asesinato de Madero también estuvo influenciado por el contexto internacional, en particular por los intereses de Estados Unidos en México. Bajo el presidente William Taft, el gobierno de Estados Unidos había observado con preocupación las reformas y la inestabilidad política en México, un país clave para sus intereses económicos y estratégicos, especialmente debido a su riqueza en petróleo.

El embajador estadounidense en México, Henry Lane Wilson, desempeñó un papel clave en el golpe de estado contra Madero. Wilson, un diplomático pro-empresarial, veía a Madero como una amenaza para los intereses estadounidenses y apoyó activamente a Huerta en sus planes de derrocamiento. Su complicidad en el golpe y el asesinato de Madero fue un claro ejemplo de la intervención de Estados Unidos en la política interna de México, lo que aumentó la desconfianza hacia el país del norte en los años siguientes.

El asesinato de Madero y la ascensión de Huerta al poder marcaron el fin de la primera fase de la Revolución Mexicana y el comienzo de una nueva etapa de lucha. El régimen de Huerta fue rápidamente condenado por los revolucionarios que habían luchado contra Díaz, y líderes como Venustiano Carranza, Pancho Villa, y Emiliano Zapata, se alzaron en armas contra la dictadura de Huerta bajo el lema de restaurar la legalidad y la justicia social.

La dictadura de Huerta fue brutal y represiva, pero enfrentó una resistencia generalizada. En 1914, tras una serie de derrotas militares y bajo la presión de Estados Unidos, Huerta fue forzado a renunciar, abriendo el camino para una nueva fase de la Revolución Mexicana. Sin embargo, el asesinato de Madero había dejado una huella profunda en el movimiento revolucionario. Sus ideales democráticos y de reconciliación fueron eclipsados por la violencia, el caos y la lucha por el poder que dominaría México en los años siguientes.

Hoy, Madero es recordado como el "Apóstol de la Democracia", un mártir cuyo sueño de un México libre y democrático fue arrebatado prematuramente, pero cuya visión sigue siendo una inspiración en la lucha por la justicia y la igualdad en el país.

7.   El magnicidio del Zar Nicolás II y su Familia: El fin de la Dinastía Románov y la Revolución Rusa

El asesinato del zar Nicolás II de Rusia y su familia en la madrugada del 17 de julio de 1918 en Ekaterimburgo, marcó el final trágico de una dinastía que había gobernado Rusia durante más de 300 años. Este magnicidio no solo fue un acto brutal de violencia política, sino también el clímax de las tensiones sociales y políticas que habían sacudido al Imperio ruso durante décadas, culminando en la Revolución Rusa de 1917 y el establecimiento del gobierno bolchevique.

A comienzos del siglo XX, Rusia era un vasto imperio multiétnico gobernado por los zares de la dinastía Romanov. Sin embargo, el país estaba plagado de tensiones sociales y políticas. A pesar de ser una de las potencias más grandes de Europa, Rusia era un país atrasado en comparación con otras naciones industrializadas. La mayoría de su población vivía en condiciones de pobreza extrema, trabajando en la agricultura, y existía una profunda desigualdad entre la élite terrateniente y la vasta mayoría campesina.

El zar Nicolás II, quien ascendió al trono en 1894, era un autócrata convencido de que el poder absoluto debía residir en la figura del monarca. Sin embargo, su liderazgo fue ampliamente percibido como ineficaz y desconectado de las necesidades del pueblo. Su rigidez y falta de voluntad para reformar el sistema político y económico del país agravaron la crisis. A pesar de las demandas de reforma, Nicolás II mantuvo un control firme sobre el gobierno, reprimiendo las revueltas con violencia.

La situación se agravó con la Revolución de 1905, provocada por el descontento generalizado tras la derrota de Rusia en la guerra con Japón (1904-1905) y las duras condiciones de vida de los trabajadores y campesinos. Aunque el zar intentó calmar las tensiones creando la Duma (parlamento ruso), las reformas fueron limitadas y la insatisfacción persistió.

Cuando estalló la Primera Guerra Mundial en 1914, Rusia se unió a la coalición aliada contra las potencias centrales. Sin embargo, la participación rusa en la guerra resultó desastrosa. Mal equipada y dirigida, el ejército ruso sufrió grandes derrotas a manos de los alemanes. A medida que la guerra avanzaba, las bajas aumentaban y el hambre y la miseria se extendían por todo el país. La población, agotada por las privaciones y la falta de alimentos, culpaba al gobierno zarista por la situación.

La guerra exacerbó las ya existentes tensiones sociales. El zar Nicolás II cometió el error fatal de asumir personalmente el mando del ejército en 1915, dejando la administración del gobierno en manos de su esposa, la zarina Alejandra, quien estaba influenciada por el místico Rasputín, lo que generó aún más desconfianza y desprecio entre la nobleza y el pueblo. Rasputín, aunque detestado por muchos miembros de la élite rusa, tenía una enorme influencia sobre la zarina debido a su capacidad para aliviar la hemofilia del zarevich Alexéi, el heredero al trono. Su influencia y escándalos contribuyeron a minar la legitimidad del gobierno.

A principios de 1917, la situación en Rusia se había vuelto insostenible. La combinación de derrotas militares, hambruna y descontento llevó a un levantamiento masivo conocido como la Revolución de Febrero de 1917. Bajo una presión abrumadora, el zar Nicolás II abdicó el 15 de marzo de 1917, poniendo fin a más de tres siglos de dominio Romanov.

Tras la abdicación, un Gobierno Provisional, liderado por figuras moderadas como Alexander Kerenski, intentó mantener el control del país, pero fue incapaz de hacer frente al creciente caos. La guerra continuaba, las divisiones sociales se profundizaban y las facciones radicales, como los bolcheviques liderados por Vladímir Lenin, ganaban popularidad con su promesa de "paz, pan y tierra".

En octubre de 1917, los bolcheviques tomaron el poder en un golpe de estado conocido como la Revolución de Octubre. Lenin y sus seguidores establecieron un gobierno comunista basado en la ideología marxista, cuyo objetivo era crear un estado socialista donde el poder estuviera en manos de los trabajadores y campesinos.

Mientras tanto, la familia Romanov estaba bajo arresto domiciliario. Inicialmente, fueron retenidos en el palacio de Tsárskoye Seló y luego trasladados a Tobolsk, en Siberia, a medida que la guerra civil rusa entre los bolcheviques y las fuerzas contrarrevolucionarias (los "blancos") se intensificaba. Sin embargo, la amenaza de que los blancos liberaran a la familia aumentaba a medida que las tropas anticomunistas avanzaban hacia los territorios donde los Romanov estaban cautivos.

En abril de 1918, la familia fue trasladada a Ekaterimburgo, en los Montes Urales, donde fueron confinados en la Casa Ipátiev. Los bolcheviques veían a Nicolás II como una amenaza simbólica para la revolución, ya que su figura podría ser utilizada por los enemigos del régimen para justificar una restauración monárquica. Mientras la guerra civil continuaba, la situación de la familia se volvía cada vez más precaria.

En la madrugada del 17 de julio de 1918, la familia Romanov —el zar Nicolás II, su esposa Alejandra, sus hijas Olga, Tatiana, María y Anastasia, y su hijo Alexéi— fue brutalmente asesinada por un grupo de soldados bolcheviques bajo las órdenes del Consejo de los Urales, una facción local del gobierno soviético. También murieron algunos sirvientes que se encontraban con ellos.

El asesinato fue llevado a cabo de manera sumaria en el sótano de la Casa Ipátiev. Según los relatos históricos, la familia fue despertada en medio de la noche y se les ordenó vestirse, bajo el pretexto de ser trasladados a un lugar más seguro. Una vez en el sótano, se les dijo que esperaran hasta que fueran escoltados a otro lugar. Sin previo aviso, los soldados, liderados por Yákov Yurovski, entraron en la habitación y leyeron una orden de ejecución. Nicolás apenas tuvo tiempo de reaccionar antes de que le dispararan a quemarropa.

El resto de la familia y sus sirvientes también fueron ejecutados. Debido a que algunos miembros de la familia llevaban joyas cosidas en sus ropas como medida de protección, las balas no los mataron de inmediato, lo que resultó en una ejecución violenta y caótica. Después del asesinato, los cuerpos fueron llevados a un bosque cercano, donde fueron enterrados y disueltos parcialmente con ácido en un intento de evitar su identificación.

El asesinato de los Romanov fue un evento brutal, pero también un acto simbólico. Al ejecutar al último zar y a su familia, los bolcheviques cerraban un capítulo en la historia de Rusia, eliminando cualquier posibilidad de restauración monárquica y consolidando su control sobre el país. La Guerra Civil Rusa continuó hasta 1923, pero el régimen comunista salió victorioso, estableciendo la Unión Soviética bajo la dirección de Lenin y, posteriormente, de Stalin.

Para muchos rusos y observadores internacionales, el asesinato de los Romanov fue una señal de la implacabilidad de los bolcheviques y de la magnitud del cambio que estaba ocurriendo en Rusia. La eliminación de la familia imperial representaba no solo el fin de la autocracia, sino también la destrucción de la vieja Rusia y la creación de una nueva sociedad basada en los principios revolucionarios del socialismo.

Durante décadas, el destino de los Romanov fue envuelto en el misterio, y muchas leyendas surgieron sobre posibles sobrevivientes, en particular sobre la Gran Duquesa Anastasia. Sin embargo, en 1991, los restos de la familia fueron exhumados y, mediante análisis de ADN, se confirmó la identidad de los Romanov. En 2000, la Iglesia Ortodoxa Rusa canonizó a Nicolás II, su esposa y sus hijos como mártires.

El asesinato de Nicolás II y su familia es recordado como un momento crucial en la historia de Rusia. Para algunos, representa la violencia extrema de la Revolución Rusa; para otros, simboliza el fin de siglos de opresión monárquica. En cualquier caso, el magnicidio de los Romanov sigue siendo uno de los episodios más controvertidos y conmovedores de la historia moderna.

8. El atentado contra el archiduque Francisco Fernando de Austria: El catalizador de la Primera Guerra Mundial

El atentado contra el Archiduque Francisco Fernando de Austria el 28 de junio de 1914 en Sarajevo marcó un hito crucial en la historia moderna, desencadenando la Primera Guerra Mundial y alterando el mapa político de Europa para siempre. Francisco Fernando, heredero al trono del Imperio Austrohúngaro, fue asesinado junto con su esposa, la duquesa Sofía, en un contexto de tensiones nacionalistas, rivalidades imperiales y alianzas complejas que definían la política europea de la época.

A principios del siglo XX, el Imperio Austrohúngaro enfrentaba una creciente presión interna debido a sus diversas nacionalidades. El imperio estaba compuesto por múltiples grupos étnicos, incluidos austriacos, húngaros, checos, eslovacos, polacos, serbios y croatas, entre otros. La mezcla de culturas y lenguas, aunque rica, generaba tensiones significativas, especialmente entre las naciones eslavas que aspiraban a la independencia o la unificación con otros grupos étnicos, como los serbios.

El nacionalismo eslavo se había intensificado en las últimas décadas, en parte como respuesta a la opresión cultural y política del gobierno austrohúngaro. En este contexto, la figura de Serbia se alzaba como un símbolo de resistencia para los eslavos del sur, quienes buscaban unirse bajo un mismo estandarte. La creación del Reino de los Serbios, Croatas y Eslovenos (más tarde Yugoslavia) era un objetivo deseado por muchos nacionalistas en la región.

El clima de agitación política llevó al surgimiento de grupos radicales que abogaban por la unificación de los pueblos eslavos. Uno de estos grupos era la Mano Negra, una organización secreta nacionalista serbia que buscaba liberar a los eslavos del dominio austrohúngaro a través de actos de violencia. La Mano Negra contaba con apoyo militar y logístico de algunos sectores del ejército serbio y veía en el Archiduque Francisco Fernando un enemigo directo debido a sus posturas autoritarias y su papel en la administración del imperio.

El Archiduque había expresado sus intenciones de implementar reformas en el imperio, incluyendo una mayor autonomía para los pueblos eslavos, pero muchos nacionalistas consideraban que su gobierno continuaría perpetuando la opresión. Por lo tanto, su visita a Sarajevo, prevista para el 28 de junio de 1914, fue percibida como una provocación y una oportunidad para hacer una declaración dramática contra el régimen austrohúngaro.

El 28 de junio de 1914, el Archiduque y su esposa llegaron a Sarajevo para una visita oficial. El día comenzó con varios intentos fallidos de asesinato. El primer ataque fue llevado a cabo por Nedeljko Cabrinovic, uno de los conspiradores de la Mano Negra, quien lanzó una granada al automóvil del Archiduque. Sin embargo, la bomba falló y explotó detrás del coche, hiriendo a varios acompañantes.

Después del atentado fallido, Francisco Fernando decidió visitar a los heridos en el hospital, pero su ruta fue alterada debido a la confusión provocada por el ataque. Durante el trayecto, el conductor del vehículo que transportaba al archiduque tomó un giro equivocado y se detuvo justo frente a una cafetería donde se encontraba Gavrilo Princip, otro miembro de la Mano Negra. En un giro del destino, Princip, que había estado en el lugar correcto en el momento adecuado, se acercó al automóvil y disparó dos balas, alcanzando a Francisco Fernando y a su esposa. Ambos murieron poco después.

El atentado desató una serie de reacciones en cadena que llevaron a la movilización de alianzas militares y políticas en Europa. El gobierno austrohúngaro, con el apoyo de Alemania, decidió actuar con fuerza contra Serbia, a quien acusaron de haber instigado el ataque. El 23 de julio de 1914, Austria-Hungría emitió un ultimátum a Serbia con condiciones extremadamente severas, que fueron aceptadas en su mayoría, pero no en su totalidad. Esto proporcionó la excusa perfecta para que el imperio declarara la guerra a Serbia el 28 de julio.

La declaración de guerra provocó la activación de una serie de alianzas militares en Europa. Rusia, aliada de Serbia, comenzó a movilizar sus tropas, lo que llevó a Alemania a declarar la guerra a Rusia el 1 de agosto y a Francia el 3 de agosto. Así, lo que comenzó como un conflicto regional se transformó rápidamente en una guerra mundial, involucrando a múltiples naciones y cambiando el equilibrio de poder en Europa.

El asesinato de Francisco Fernando es considerado el evento desencadenante de la Primera Guerra Mundial, un conflicto que se extendería hasta 1918 y causaría la muerte de millones de personas y la destrucción de vastas regiones de Europa. Las consecuencias de la guerra fueron profundas, resultando en el colapso de imperios, como el Austrohúngaro y el Otomano, y el surgimiento de nuevos estados-nación en Europa y Oriente Medio.

El Tratado de Versalles de 1919, que puso fin a la guerra, estableció condiciones severas para Alemania y sus aliados, sembrando resentimientos que conducirían a la Segunda Guerra Mundial en las décadas siguientes. La reconfiguración del mapa de Europa y el establecimiento de nuevas fronteras nacionales, basadas en principios de autodeterminación, sentaron las bases para conflictos futuros en el siglo XX.

9. El atentado contra Adolf Hitler: La conspiración de los Oficiales de la Wehrmacht y el contexto del Tercer Reich

El atentado contra Adolf Hitler, perpetrado el 20 de julio de 1944, conocido como la Operación Valkiria, es uno de los episodios más intrigantes y dramáticos de la historia de la Alemania nazi. Este intento de asesinato, que fue orquestado por un grupo de oficiales de la Wehrmacht (el ejército alemán), se produjo en un contexto de creciente descontento con el régimen nazi, la devastación de la Segunda Guerra Mundial y el anhelo de un cambio político en Alemania.

A mediados de 1944, la situación de Alemania en la Segunda Guerra Mundial se había vuelto crítica. Tras la derrota en la Batalla de Stalingrado (1942-1943) y el Desembarco de Normandía en junio de 1944, el Tercer Reich enfrentaba un panorama militar desolador. Las fuerzas aliadas avanzaban desde el oeste, mientras que el ejército soviético empujaba desde el este. La moral del pueblo alemán y del ejército estaba en declive, y el país se encontraba sumido en una crisis económica y social.

El régimen de Hitler, que había sido construido sobre los pilares del nacionalismo extremo, el antisemitismo y el militarismo, comenzaba a ser cuestionado incluso dentro de sus propias filas. A medida que la guerra avanzaba, muchos oficiales de la Wehrmacht se dieron cuenta de que la ideología del nazismo y las decisiones de Hitler estaban llevando a Alemania hacia la ruina. Estos oficiales, en su mayoría conservadores y patriotas, eran conscientes de que la única manera de salvar lo que quedaba de Alemania era eliminar a Hitler y negociar una paz con los Aliados.

Entre los conspiradores del atentado se encontraban figuras prominentes del ejército alemán, como el coronel Claus von Stauffenberg, quien se convirtió en la figura clave en la ejecución del plan. Stauffenberg, un oficial con un fuerte sentido del patriotismo y desilusionado por la dirección que había tomado el régimen nazi, estaba convencido de que era necesario actuar contra Hitler para evitar un mayor desastre.

La Operación Valkiria se había ideado originalmente como un plan de contingencia para mantener el control en Alemania en caso de que se produjeran disturbios internos tras la muerte de Hitler. Sin embargo, los conspiradores decidieron usar este plan para llevar a cabo el asesinato del Führer.

El 20 de julio de 1944, Stauffenberg, quien había sido asignado a la sede de Hitler en Berlín, logró introducir una bomba en una reunión en el bunker de la Wolfsschanze (Guarida del Lobo), en Prusia Oriental, donde Hitler se encontraba junto a varios altos mandos del ejército. La bomba estaba diseñada para detonar tras un retraso programado, permitiendo que Stauffenberg escapara del lugar.

El atentado se llevó a cabo en la tarde del 20 de julio. Stauffenberg colocó la bomba en la sala de conferencias y luego abandonó rápidamente el recinto. Sin embargo, el plan se vio frustrado por una serie de circunstancias imprevistas. Un asistente movió la maleta que contenía la bomba, alejándola de Hitler, lo que redujo su efectividad. La explosión, aunque devastadora, no logró matar al Führer, quien sufrió heridas, pero sobrevivió.

A pesar de que varios oficiales de alto rango murieron en la explosión, Hitler fue rápidamente trasladado a un lugar seguro, donde recibió atención médica. Al enterarse de la supervivencia de Hitler, los conspiradores se dieron cuenta de que su plan había fracasado y, en consecuencia, comenzaron a perder el control de la situación.

Tras el atentado, las autoridades nazis desataron una ola de represión. Hitler, furioso por la traición, ordenó una búsqueda exhaustiva de los conspiradores. Muchos de ellos fueron arrestados, torturados y ejecutados. Stauffenberg fue capturado y ejecutado en la noche del 21 de julio. En total, se estima que miles de personas fueron perseguidas, arrestadas y asesinadas en las semanas siguientes al atentado, en un intento por aplastar cualquier resistencia interna al régimen.

El fracaso del atentado tuvo consecuencias devastadoras para Alemania. La represión intensificó el control de Hitler sobre el país y su determinación de continuar la guerra a toda costa, incluso a medida que la derrota se hacía cada vez más evidente. La propaganda nazi utilizó el atentado para demonizar a los conspiradores y consolidar el apoyo popular al régimen.

El atentado de julio de 1944 también se enmarca en un contexto más amplio de descontento social en Alemania. A medida que la guerra avanzaba, la población enfrentaba la escasez de alimentos, la devastación de las ciudades y el sufrimiento constante en el frente. Los ciudadanos alemanes comenzaron a cuestionar cada vez más la dirección del país y la ideología del nazismo.

A pesar de la brutal represión, la resistencia al régimen nazi se fue gestando en diferentes sectores de la sociedad, desde intelectuales hasta trabajadores y jóvenes. Aunque el atentado de Stauffenberg no logró cambiar el rumbo de la guerra, sentó las bases para futuras expresiones de resistencia y cuestionamiento al régimen.

El atentado contra Hitler no logró detener la marcha del Tercer Reich hacia su eventual colapso, pero sí expuso las divisiones internas dentro del régimen y la creciente desesperación de aquellos que se oponían a la tiranía nazi. El fracaso de la conspiración subrayó el costo humano del autoritarismo y la brutalidad del régimen, que se llevó a cabo en un contexto de guerra total.

La caída de Hitler y la derrota del Tercer Reich en 1945 trajeron consigo la revelación de los horrores del Holocausto y de las atrocidades cometidas en nombre del nazismo. La historia de la conspiración de julio de 1944 es recordada como un ejemplo de la lucha interna por la moralidad y la ética en tiempos de crisis.

10. El atentado contra el Rey Abdullah I de Jordania: Contexto político y social en medio del Nacionalismo Árabe

El atentado que sufrió el Rey Abdullah I de Jordania el 20 de julio de 1951, en la Ciudad Vieja de Jerusalén, fue un evento que marcó un punto de inflexión en la historia de Jordania y el Medio Oriente. Abdullah, el primer rey del Reino Hachemita de Jordania, fue asesinado por un nacionalista árabe en un contexto de tensiones políticas, conflictos regionales y el creciente fervor del nacionalismo árabe en la década de 1950.

Abdullah I ascendió al trono en 1946, tras la independencia de Jordania del mandato británico. Su reinado se caracterizó por un enfoque pragmático hacia la política regional y una búsqueda constante de estabilidad en un entorno tumultuoso. Desde el principio, Abdullah se vio enfrentado a numerosos desafíos, incluidos los conflictos con los vecinos árabes, el resentimiento popular y la presión internacional.

La creación del estado de Israel en 1948 y la consiguiente Guerra Árabe-Israelí generaron una gran inestabilidad en la región. Muchos árabes, incluidos los jordanos, veían la creación de Israel como una traición a la causa palestina y a la lucha por la autodeterminación árabe. Abdullah I, que había apoyado la creación de un estado árabe unificado y un acuerdo con Israel, enfrentó una fuerte oposición de sectores nacionalistas y panárabes.

A medida que el nacionalismo árabe ganaba fuerza en la región, muchos árabes comenzaron a ver a Abdullah como un líder que no representaba adecuadamente sus aspiraciones. Su relación con los británicos y su enfoque moderado en el conflicto árabe-israelí alimentaron aún más el descontento. Los nacionalistas árabes deseaban una postura más agresiva y una mayor solidaridad con la causa palestina, lo que generó tensiones en la sociedad jordana.

La presión popular se intensificó tras la derrota árabe en la Guerra de 1948 y las continuas pérdidas territoriales en la región. Abdullah fue acusado de traicionar a los intereses árabes y de ser un colaborador de los occidentales, lo que llevó a un aumento en la hostilidad hacia su gobierno.

El 20 de julio de 1951, Abdullah I fue asesinado por Izz al-Din al-Qassam, un nacionalista árabe palestino. Durante una visita a Jerusalén para asistir a la inauguración de la mezquita de Al-Aqsa, Abdullah fue atacado mientras se encontraba en el interior de la mezquita. El atacante, que se había infiltrado en la multitud, disparó varias veces contra el rey, hiriéndolo de muerte.

Las motivaciones de al-Qassam estaban profundamente enraizadas en el nacionalismo árabe y el resentimiento hacia cualquier líder que pareciera ceder ante las demandas de los occidentales o que buscara reconciliaciones con Israel. Al-Qassam, al igual que muchos de sus contemporáneos, consideraba que el rey había traicionado la causa palestina y que su muerte sería un acto de resistencia contra un régimen considerado ilegítimo.

El asesinato de Abdullah I tuvo repercusiones significativas para Jordania y el equilibrio de poder en la región. Su muerte dejó un vacío de poder en un momento crítico, y su hijo, el príncipe Talal, asumió el trono, aunque su reinado fue breve y complicado. La inestabilidad política aumentó y el nuevo rey enfrentó desafíos internos y externos significativos.

Además, el atentado profundizó las divisiones entre los sectores moderados y nacionalistas de la sociedad jordana. Los nacionalistas árabes, que vieron el asesinato de Abdullah como un acto heroico, continuaron impulsando su agenda, mientras que los moderados y aquellos que apoyaban una mayor cooperación con Occidente se sintieron cada vez más amenazados.

El atentado también se produjo en un contexto más amplio de la Guerra Fría. La competencia entre las potencias occidentales y la Unión Soviética por la influencia en el Medio Oriente influyó en la política de la región. La búsqueda de estabilidad en Jordania se complicó aún más por el apoyo soviético a movimientos nacionalistas y comunistas en el mundo árabe.

Durante la década de 1950, el clima político en el Medio Oriente se volvió cada vez más volátil. La creciente influencia del nacionalismo árabe, impulsada por líderes como Gamal Abdel Nasser en Egipto, llevó a un llamado a la unidad árabe que desafiaba la autoridad de los monarcas tradicionales como Abdullah y su sucesor, Talal.

El atentado contra el Rey Abdullah I de Jordania no solo marcó el final de su reinado, sino que también simbolizó las tensiones latentes en el mundo árabe y el impacto del nacionalismo en la política regional. Su asesinato exacerbó la inestabilidad en Jordania y destacó las luchas internas que enfrentaba el reino en un momento de cambios profundos y rápidos en el Medio Oriente.

El legado de Abdullah y el contexto de su asesinato siguen siendo relevantes hoy en día, reflejando las complejidades de la política en la región y los desafíos que enfrentan los líderes árabes en su búsqueda de estabilidad y legitimidad en medio de un nacionalismo en constante evolución. La historia de Abdullah y su trágico final subraya la fragilidad de los regímenes autoritarios en un contexto de creciente demanda de participación y representación en la política árabe.

11. El atentado contra el Rey Faisal II de Irak: El fin de la Monarquía Hachemita en un contexto de revolución y cambio social

El asesinato del Rey Faisal II de Irak el 14 de julio de 1958 marcó el final de la monarquía hachemita en Irak y simbolizó un momento decisivo en la historia del Medio Oriente. El magnicidio, que fue parte de un golpe militar revolucionario, reflejó las tensiones políticas y sociales que se habían acumulado en Irak durante décadas, en medio de un clima de inestabilidad regional, nacionalismo árabe y resentimiento contra el colonialismo y la influencia occidental.

Faisal II, nieto de Faisal I, pertenecía a la dinastía hachemita, que había sido instalada en el trono iraquí en 1921 por los británicos tras la Primera Guerra Mundial. La monarquía hachemita en Irak tenía profundas conexiones con el mandato británico, lo que generaba tensiones internas. Aunque Faisal II asumió oficialmente el trono en 1953, tras alcanzar la mayoría de edad, su gobierno estuvo fuertemente influenciado por la figura de su tío, el príncipe regente Abd al-Ilah, quien había actuado como regente desde la infancia de Faisal.

Durante su reinado, Faisal II intentó gobernar en un entorno complicado. Irak estaba dividido por tensiones étnicas, religiosas y políticas: la élite gobernante era mayoritariamente sunita, mientras que una gran parte de la población era chiita. Además, había una considerable población kurda en el norte que también buscaba mayor autonomía.

El gobierno monárquico, percibido como prooccidental y dependiente del apoyo británico, fue visto con creciente desconfianza por los nacionalistas árabes, quienes criticaban su estrecha relación con las potencias occidentales, especialmente en un momento en que el nacionalismo árabe estaba en auge bajo líderes como Gamal Abdel Nasser en Egipto.

La década de 1950 fue testigo de un creciente descontento en el mundo árabe contra las monarquías tradicionales que estaban asociadas con las antiguas potencias coloniales. El nacionalismo árabe, impulsado por Nasser y su visión de una gran unidad árabe, ganaba adeptos en todo el Medio Oriente. En Irak, las aspiraciones panárabes y el resentimiento contra el control monárquico y sus vínculos con Occidente comenzaron a cristalizar en movimientos de oposición.

El Tratado de Bagdad de 1955, una alianza militar entre Irak, Turquía, Irán, Pakistán y el Reino Unido, fue una de las políticas más controvertidas de la monarquía de Faisal II. Firmado bajo la presión de los británicos y los Estados Unidos en el contexto de la Guerra Fría, este tratado fue percibido por muchos iraquíes como un instrumento para mantener la influencia occidental en la región y como una traición a los intereses árabes, especialmente en la lucha contra Israel.

Además, las tensiones sociales internas en Irak aumentaban. La clase gobernante, que incluía a la élite política y económica sunita, estaba desconectada de la mayoría de la población chiita y kurda, que se sentía marginada y oprimida. La pobreza, el desempleo y la desigualdad social alimentaban el resentimiento popular, mientras que los movimientos de izquierda y los nacionalistas árabes ganaban fuerza.

El descontento culminó el 14 de julio de 1958, cuando el general Abd al-Karim Qasim, junto con otros oficiales del ejército iraquí, lideró un golpe de estado militar que derrocó a la monarquía. El golpe fue en parte una respuesta a la formación de la Federación Árabe, una unión entre Irak y Jordania establecida en febrero de 1958, que pretendía contrarrestar la influencia del nacionalismo árabe liderado por Nasser. Esta federación fue vista por los oficiales nacionalistas y gran parte de la población como una continuación del control británico en la región.

El ejército, harto del statu quo y animado por las ideas nacionalistas y panárabes, vio la oportunidad de cambiar el rumbo de Irak. El golpe comenzó cuando las tropas que se dirigían a Jordania para reforzar la federación tomaron el control de Bagdad. Las fuerzas militares irrumpieron en el palacio real y arrestaron al rey Faisal II, al príncipe regente Abd al-Ilah, y otros miembros de la familia real.

El rey Faisal II y su familia fueron ejecutados sumariamente en el patio del palacio real. Aunque inicialmente se había planeado exiliar al rey, la situación se descontroló y la familia fue masacrada sin juicio previo. Las escenas de violencia se extendieron más allá del palacio, ya que los seguidores del golpe atacaron a otros partidarios del régimen hachemita.

Las imágenes del cadáver mutilado de Abd al-Ilah, colgado y arrastrado por las calles de Bagdad, simbolizaron el brutal colapso de la monarquía. Faisal II, que había sido un joven rey de 23 años con pocas oportunidades de ejercer una política independiente, fue asesinado junto con casi toda la familia real, lo que marcó el fin de una era.

Tras el asesinato de Faisal II, Abd al-Karim Qasim asumió el poder, estableciendo la República de Irak. El nuevo régimen fue inicialmente aclamado por los sectores nacionalistas y socialistas, y Qasim intentó implementar reformas sociales y económicas destinadas a reducir la pobreza y mejorar la situación de las clases populares.

Sin embargo, el golpe de 1958 no resolvió las tensiones internas del país. Aunque Qasim prometió gobernar en nombre del pueblo, su régimen pronto enfrentó desafíos de otros movimientos nacionalistas, incluidos los partidarios del Baaz y del comunismo. Los kurdos también continuaron sus luchas por la autonomía, y la política interna de Irak se volvió cada vez más fragmentada.

El derrocamiento de la monarquía hachemita en Irak tuvo un impacto profundo en la región. La caída de Faisal II fue un símbolo del declive de las monarquías tradicionales del Medio Oriente y del ascenso de nuevos movimientos políticos, basados en el nacionalismo árabe, el socialismo y el anticolonialismo. El golpe de 1958 también presagió futuras revueltas y conflictos en el mundo árabe, ya que los países buscaban liberarse de la influencia occidental y reorganizar sus sistemas de gobierno.

El atentado contra Faisal II no solo significó el fin de una dinastía, sino también el comienzo de una nueva fase de inestabilidad política en Irak, que seguiría luchando por encontrar un equilibrio entre sus diversas facciones y aspiraciones nacionales.

12. El atentado contra John F. Kennedy: Un crimen envuelto en la controvercia

El asesinato de John F. Kennedy el 22 de noviembre de 1963 en Dallas, Texas, fue uno de los eventos más impactantes y trágicos de la historia contemporánea de los Estados Unidos. El atentado no solo puso fin a la vida de uno de los presidentes más carismáticos de la historia estadounidense, sino que también sacudió la confianza en las instituciones y profundizó las divisiones en una sociedad que enfrentaba importantes desafíos políticos, sociales y económicos.

El magnicidio de Kennedy se produjo en un contexto marcado por las tensiones de la Guerra Fría, los conflictos raciales en Estados Unidos, y una serie de reformas sociales y políticas que no fueron bien recibidas por todos los sectores del país. Para comprender el impacto del asesinato de JFK, es crucial examinar el entorno político y social que lo precedió.

John F. Kennedy asumió la presidencia en enero de 1961, en un momento en que el mundo estaba sumido en la tensión de la Guerra Fría entre Estados Unidos y la Unión Soviética. La rivalidad entre las dos superpotencias había escalado tras la Segunda Guerra Mundial, y ambos países estaban inmersos en una competencia ideológica, económica, militar y espacial. Durante su tiempo en la Casa Blanca, Kennedy enfrentó varios desafíos importantes en este contexto, muchos de los cuales aumentaron las tensiones tanto en el extranjero como en casa.

Uno de los momentos más críticos de la Guerra Fría durante la presidencia de Kennedy fue la Crisis de los

Misiles en Cuba en octubre de 1962. El descubrimiento de misiles nucleares soviéticos en territorio cubano, a solo 150 kilómetros de la costa estadounidense, llevó a una confrontación directa entre Washington y Moscú. Kennedy manejó la crisis con firmeza, imponiendo un bloqueo naval a Cuba y negociando secretamente con el líder soviético Nikita Jrushchov para desmantelar los misiles, evitando una guerra nuclear. Aunque Kennedy salió reforzado por su manejo de la crisis, el incidente aumentó la paranoia y las divisiones internas en Estados Unidos, con muchos oponiéndose a su enfoque negociador.

Además, Kennedy también lidió con la Guerra de Vietnam, una intervención que comenzaba a intensificarse durante su mandato. Aunque Kennedy inicialmente había buscado una solución diplomática, la presencia estadounidense en Vietnam siguió creciendo. Este conflicto, que en los años posteriores al asesinato de JFK provocaría una fuerte división en la sociedad estadounidense, ya empezaba a generar críticas hacia su administración.

En el ámbito interno, Kennedy fue un presidente progresista que promovió una serie de reformas económicas y sociales. Sin embargo, uno de los principales desafíos de su gobierno fue la lucha por los derechos civiles. A principios de la década de 1960, Estados Unidos estaba profundamente dividido en cuestiones raciales, con el sur del país siendo un bastión de las políticas de segregación racial. El movimiento por los derechos civiles, liderado por figuras como Martin Luther King Jr., presionaba para poner fin a la discriminación legal contra los afroamericanos, especialmente en los estados del sur.

Kennedy fue inicialmente cauteloso en su apoyo al movimiento de derechos civiles, temiendo alienar a los demócratas sureños que eran esenciales para su coalición política. Sin embargo, ante el aumento de la violencia racial y las crecientes demandas de igualdad, en 1963 decidió apoyar abiertamente una ley de derechos civiles, que prohibiría la segregación racial en los espacios públicos y garantizaría la igualdad de acceso a la educación y el empleo. Esta decisión lo puso en el centro de la controversia, especialmente en los estados del sur, donde muchos consideraban que su apoyo a la igualdad racial era una amenaza para su forma de vida.

Las tensiones raciales en el país contribuyeron a la polarización social y aumentaron el resentimiento hacia Kennedy en ciertos sectores. Además, los sindicatos y otros grupos progresistas lo apoyaban en sus reformas económicas, mientras que algunos empresarios conservadores lo veían como una amenaza a los intereses del libre mercado, intensificando las divisiones políticas.

El asesinato de Kennedy también ocurrió en un clima de creciente paranoia y teorías de conspiración. Los primeros años de la década de 1960 estuvieron marcados por el miedo al comunismo y la percepción de que el país estaba siendo infiltrado por enemigos internos. Durante este período, J. Edgar Hoover, el director del FBI llevó a cabo una extensa vigilancia de figuras políticas y sociales, muchas de las cuales eran vistas como simpatizantes del comunismo o peligrosas para la seguridad nacional.

Además, Kennedy había comenzado a distanciarse de ciertos sectores del complejo militar-industrial y la CIA, que defendían una postura más agresiva en la Guerra Fría. Se dice que Kennedy estaba descontento con la CIA después del fallido intento de invasión de Cuba en la Bahía de Cochinos en 1961, lo que generó fricciones internas dentro de su gobierno.

Estos elementos contribuyeron a un entorno en el que las sospechas y las conspiraciones abundaban, lo que en parte explica por qué el asesinato de Kennedy ha sido objeto de tantas teorías a lo largo de los años. De hecho, hasta el día de hoy, muchos cuestionan si el tirador solitario, Lee Harvey Oswald, fue el único responsable del magnicidio o si fue parte de una conspiración más grande.

El 22 de noviembre de 1963, Kennedy realizaba una gira política en Texas, un estado donde el Partido Demócrata estaba dividido internamente. Mientras viajaba en una caravana por las calles de Dallas en un descapotable, el presidente fue abatido por disparos mientras pasaba por Dealey Plaza. Tres disparos fueron escuchados, y uno de ellos impactó fatalmente a Kennedy en la cabeza. El entonces vicepresidente Lyndon B. Johnson fue juramentado como presidente ese mismo día a bordo del avión presidencial.

Poco después del atentado, Lee Harvey Oswald, un exmarine que había vivido en la Unión Soviética y que tenía inclinaciones comunistas, fue arrestado como el principal sospechoso. Sin embargo, Oswald fue asesinado dos días después por Jack Ruby, un propietario de un club nocturno, mientras estaba bajo custodia policial, lo que alimentó aún más las teorías de conspiración.

El asesinato de Kennedy dejó una profunda cicatriz en la psique estadounidense. El informe oficial de la Comisión Warren concluyó que Oswald actuó solo, pero muchos estadounidenses han seguido dudando de esta versión oficial. El magnicidio marcó el fin del optimismo que caracterizó los primeros años de la década de 1960 y fue visto como el comienzo de una era de mayor desconfianza hacia el gobierno.

En términos políticos, el asesinato de Kennedy permitió que su sucesor, Lyndon B. Johnson, impulsara la legislación de derechos civiles que JFK había propuesto, así como otras reformas sociales importantes, como la Guerra contra la Pobreza y la creación de programas como Medicare y Medicaid. Sin embargo, la presidencia de Johnson también estuvo marcada por la escalada de la guerra en Vietnam, lo que llevó a una mayor polarización y división en la sociedad estadounidense.

El legado de Kennedy sigue siendo objeto de debate, pero su asesinato dejó una huella imborrable en la historia estadounidense y en la percepción pública de la política, marcando el inicio de una era de mayor cinismo y desconfianza en las instituciones del país.

13. El atentado contra Rafael Trujillo: El inicio del fin de una dictadura

El 30 de mayo de 1961, el dictador Rafael Leónidas Trujillo Molina, quien gobernó la República Dominicana con mano de hierro durante más de tres décadas, fue asesinado en un atentado organizado por un grupo de conspiradores civiles y militares. Este asesinato puso fin a uno de los regímenes más represivos y longevos de América Latina. El contexto político y social que rodeó el magnicidio de Trujillo es clave para entender las razones detrás de su muerte, así como las tensiones internas y externas que finalmente precipitaron su caída.

Trujillo asumió el poder en 1930 tras un golpe de Estado y rápidamente consolidó su control sobre todos los aspectos de la vida política, económica y social de la República Dominicana. Su gobierno se caracterizó por un culto a la personalidad, una feroz represión de la oposición, y un uso sistemático de la violencia para mantener el poder. Trujillo utilizaba los servicios de inteligencia, como el temido Servicio de Inteligencia Militar (SIM), para espiar, encarcelar, torturar y asesinar a sus opositores.

Aunque Trujillo promovió una modernización económica y realizó algunas obras de infraestructura, su régimen estaba profundamente marcado por la corrupción, el nepotismo y la represión. Controlaba la mayoría de las industrias y empresas del país, enriqueciendo a su familia y a un pequeño círculo de colaboradores mientras la mayoría de la población vivía en la pobreza.

Uno de los episodios más oscuros de su dictadura fue la Masacre del Perejil en 1937, cuando ordenó la matanza de entre 15,000 y 30,000 haitianos en la frontera con Haití. Trujillo, un ferviente nacionalista, usaba el discurso de la "pureza racial" para justificar sus políticas contra los haitianos, quienes fueron brutalmente asesinados en un intento de "dominicanizar" la frontera.

A pesar de su control absoluto sobre el país, a lo largo de la década de 1950 y principios de los 60, el descontento con el régimen de Trujillo fue creciendo tanto dentro como fuera de la República Dominicana. El gobierno dictatorial reprimía brutalmente cualquier manifestación de disidencia, pero algunos sectores comenzaron a organizarse en secreto para derrocarlo.

La influencia de la Iglesia Católica desempeñó un papel importante en la creciente oposición interna. En 1960, los obispos dominicanos, en una valiente acción, emitieron una carta pastoral condenando las violaciones a los derechos humanos cometidas por el régimen. Esta postura de la Iglesia, junto con la presión internacional, debilitó la legitimidad de Trujillo y animó a muchos de sus enemigos internos a buscar maneras de eliminarlo.

En paralelo, un grupo de jóvenes e intelectuales comenzó a organizarse clandestinamente, inspirados por las ideas de la libertad y la democracia que se estaban difundiendo en América Latina y el Caribe. Estos grupos empezaron a movilizarse, creando redes de resistencia y conspiración.

Además de la creciente oposición interna, el régimen de Trujillo estaba bajo una fuerte presión internacional, especialmente de los Estados Unidos. Durante la Guerra Fría, el gobierno de Trujillo había sido visto como un aliado en la lucha contra el comunismo, y su postura anticomunista le había permitido mantener el apoyo de Washington. Sin embargo, en los últimos años de su dictadura, las relaciones con los Estados Unidos comenzaron a deteriorarse.

Uno de los factores clave en este cambio fue el intento de asesinato del presidente venezolano Rómulo Betancourt en 1960, orquestado por Trujillo. Este acto de agresión internacional provocó la condena de la comunidad internacional y resultó en sanciones diplomáticas y económicas contra la República Dominicana. La Organización de los Estados Americanos (OEA) impuso un embargo sobre el país, lo que intensificó el aislamiento de Trujillo y debilitó aún más su régimen.

El gobierno de John F. Kennedy en Estados Unidos también comenzó a ver a Trujillo como una reliquia del pasado y un obstáculo para la expansión de la democracia en el hemisferio occidental. Washington, preocupado por el surgimiento de movimientos comunistas en América Latina tras la Revolución Cubana de 1959, ya no veía a Trujillo como un aliado confiable, sino como un dictador cuya represión podría fomentar la rebelión popular y la inestabilidad.

El creciente descontento interno, junto con el aislamiento internacional, creó las condiciones ideales para que un grupo de conspiradores planificara el atentado contra Trujillo. Este grupo estaba compuesto por figuras de la clase media, empresarios, y oficiales del ejército que habían perdido la confianza en el régimen. Algunos de estos conspiradores habían sido leales a Trujillo, pero se habían desilusionado con su creciente autoritarismo y su incapacidad para adaptarse a los nuevos tiempos políticos.

Uno de los líderes más prominentes de la conspiración fue Antonio de la Maza, un antiguo colaborador de Trujillo cuya familia había sido víctima de la represión del régimen. De la Maza, junto con otros conspiradores como Juan Tomás Díaz, Amado García Guerrero y Salvador Estrella Sadhalá, planearon minuciosamente el asesinato.

La noche del 30 de mayo de 1961, los conspiradores emboscaron el automóvil de Trujillo en la carretera hacia San Cristóbal, donde el dictador solía visitar a su amante. Trujillo, que viajaba sin escolta, fue abatido a tiros. Aunque el atentado fue exitoso, los conspiradores no lograron el respaldo inmediato que esperaban para un levantamiento general contra el régimen.

Aunque Trujillo fue eliminado, su régimen no colapsó de inmediato. El hijo de Trujillo, Ramfis Trujillo, regresó al país para intentar mantener el control, y durante varias semanas, la represión se intensificó contra los involucrados en el atentado y sus familiares. Muchos de los conspiradores fueron capturados y brutalmente asesinados.

Sin embargo, la muerte de Trujillo marcó el inicio del fin de la dictadura. El régimen no pudo sobrevivir sin su figura central, y la presión internacional, especialmente de Estados Unidos, ayudó a acelerar el proceso de transición. En noviembre de 1961, Ramfis y la familia Trujillo abandonaron el país, y en 1962 se celebraron las primeras elecciones democráticas en la República Dominicana en más de tres décadas. Juan Bosch, un destacado opositor al régimen, fue elegido presidente, marcando el inicio de un proceso de democratización.

El atentado contra Trujillo no solo puso fin a una de las dictaduras más longevas y crueles de América Latina, sino que también abrió la puerta a la democratización del país, aunque el camino hacia una democracia plena fue largo y estuvo lleno de desafíos. El magnicidio de Trujillo sigue siendo un hito en la historia de la República Dominicana, recordado como el evento que liberó al país de más de 30 años de opresión.

14. El asesinato de Patrice Lumumba: Lucha por la independencia del Congo

El 17 de enero de 1961, Patrice Lumumba, el primer ministro de la República Democrática del Congo (RDC), fue brutalmente asesinado en circunstancias que reflejan la complejidad del colonialismo tardío, las tensiones étnicas y el creciente conflicto entre las potencias de la Guerra Fría. Lumumba, un líder nacionalista y símbolo del movimiento por la independencia africana, fue víctima de un complot que involucró intereses tanto internos como internacionales, lo que resultó en su trágico asesinato. El contexto político y social que rodeó su muerte es crucial para comprender las causas y consecuencias de este magnicidio, que dejó una huella profunda en la historia de África.

El Congo, bajo dominio belga desde finales del siglo XIX, fue uno de los territorios coloniales más brutalmente explotados de África. Durante el reinado del Rey Leopoldo II de Bélgica, el Congo fue tratado como una propiedad personal del monarca, donde millones de congoleños murieron debido al trabajo forzado y las condiciones inhumanas en la extracción de caucho y otros recursos. Incluso después de que el Congo se convirtiera en una colonia oficial de Bélgica en 1908, las políticas coloniales belgas siguieron siendo opresivas, con un racismo institucionalizado y una explotación económica extrema.

A mediados del siglo XX, el impulso por la independencia en África crecía con fuerza, influenciado por los movimientos anticoloniales de otras partes del mundo. En el Congo, Lumumba emergió como una figura clave en la lucha por la independencia. Fundó el Movimiento Nacional Congoleño (MNC) en 1958, un partido que abogaba por la unidad nacional, la independencia total de Bélgica y el fin de la división étnica que los belgas habían fomentado deliberadamente para mantener el control.

El 30 de junio de 1960, el Congo logró su independencia de Bélgica, y Patrice Lumumba fue elegido primer ministro del nuevo estado. En su discurso de independencia, Lumumba condenó abiertamente los abusos del régimen colonial belga, lo que tensionó de inmediato las relaciones con la antigua metrópoli. A pesar de la euforia inicial, la joven nación congoleña enfrentó una serie de crisis casi inmediatamente después de su independencia.

Uno de los principales problemas fue la falta de preparación del país para la autogestión. Bélgica había hecho pocos esfuerzos para educar o capacitar a los congoleños para gobernar su propio país, y cuando se fueron, dejaron un vacío institucional. Además, los recursos del Congo, especialmente sus vastas reservas minerales, eran codiciados por potencias extranjeras, lo que aumentó la inestabilidad interna.

En julio de 1960, apenas semanas después de la independencia, la provincia rica en minerales de Katanga, dirigida por Moïse Tshombe, proclamó su secesión con el apoyo de intereses belgas y occidentales. La provincia de Katanga era vital para la economía del Congo debido a su riqueza en cobre y otros minerales, y su secesión debilitó al gobierno central de Lumumba. Bélgica, que aún tenía importantes intereses económicos en el Congo, apoyó a Tshombe en su lucha por mantener el control de Katanga.

El asesinato de Lumumba también debe entenderse en el contexto más amplio de la Guerra Fría, en la que las dos superpotencias, Estados Unidos y la Unión Soviética, competían por influir en los países recién independizados de África y Asia. Lumumba, con su enfoque nacionalista y su negativa a alinearse exclusivamente con Occidente, fue visto con creciente sospecha por Estados Unidos y sus aliados.

Aunque Lumumba no era un comunista, su disposición a aceptar ayuda de la Unión Soviética durante la crisis de Katanga lo colocó en la mira de Washington, que temía que el Congo cayera bajo la influencia soviética. En ese momento, Estados Unidos seguía la Doctrina Eisenhower, que veía la expansión del comunismo como una amenaza directa a sus intereses globales. Los recursos naturales del Congo, especialmente su uranio (utilizado en la fabricación de armas nucleares), eran de gran importancia estratégica.

La CIA se involucró activamente en los esfuerzos para debilitar y finalmente eliminar a Lumumba. Según documentos desclasificados, el director de la CIA, Allen Dulles, autorizó su eliminación poco después de su elección como primer ministro. Además, Bélgica, que aún conservaba una fuerte influencia en el Congo, colaboró en los planes para derrocar a Lumumba, quien representaba una amenaza para sus intereses económicos y políticos en la región.

A medida que la situación en el Congo se deterioraba, el presidente de la república, Joseph Kasavubu, apoyado por Occidente, decidió destituir a Lumumba en septiembre de 1960, acusándolo de mala gestión y vínculos con el comunismo. Lumumba, sin embargo, rechazó esta decisión y continuó ejerciendo el poder, lo que llevó al país a un estado de caos político.

El coronel Joseph Mobutu, quien entonces dirigía el ejército y más tarde se convertiría en dictador del Congo durante décadas, aprovechó la situación para llevar a cabo un golpe militar en septiembre de 1960. Mobutu, con el respaldo de la CIA y Bélgica, arrestó a

Lumumba y asumió el control del país. Aunque Mobutu inicialmente entregó el poder a Kasavubu, él siguió siendo una figura clave en los acontecimientos posteriores.

Lumumba logró escapar brevemente del arresto domiciliario y trató de huir al este del país, donde esperaba reorganizar sus fuerzas. Sin embargo, fue capturado por las fuerzas leales a Mobutu y transferido a la provincia secesionista de Katanga, donde fue encarcelado por el régimen de Tshombe.

El 17 de enero de 1961, Lumumba fue ejecutado junto con dos de sus colaboradores, Maurice Mpolo y Joseph Okito, por un pelotón de fusilamiento en Katanga, bajo la supervisión de funcionarios belgas y con la complicidad de los servicios de inteligencia occidentales. Los cuerpos fueron desmembrados y disueltos en ácido, en un intento de borrar cualquier rastro de su existencia.

El asesinato de Lumumba conmocionó al mundo. En África, fue visto como un mártir de la lucha contra el colonialismo y la opresión, mientras que, en Occidente, aunque algunos gobiernos trataron de distanciarse del asesinato, la implicación de Estados Unidos y Bélgica era clara.

Su muerte desató una ola de protestas y condenas en África y otras partes del mundo. El asesinato de Lumumba no solo privó al Congo de un líder visionario, sino que también marcó el inicio de un largo período de inestabilidad y violencia en el país. La República Democrática del Congo cayó bajo el control dictatorial de Mobutu en 1965, quien, con el respaldo de

Occidente, gobernó con corrupción y represión durante más de 30 años.

Patrice Lumumba sigue siendo un símbolo de la resistencia contra el colonialismo y la explotación neocolonial. Su asesinato fue un reflejo de las tensiones internacionales de la Guerra Fría y las luchas internas que enfrentaban muchas naciones africanas recién independizadas. A pesar de su trágica muerte, el legado de Lumumba sigue inspirando a generaciones de africanos en su lucha por la soberanía, la justicia y la unidad.

15.   El atentado contra Luis Carrero Blanco: Golpe decisivo al régimen franquista

El 20 de diciembre de 1973, Luis Carrero Blanco, presidente del gobierno de España y mano derecha del dictador Francisco Franco, fue asesinado en un atentado perpetrado por la organización terrorista ETA (Euskadi Ta Askatasuna). Este ataque, que involucró la detonación de un coche bomba en pleno centro de Madrid, marcó un hito en la historia reciente de España, no solo por la magnitud del atentado, sino por sus implicaciones políticas en los últimos años del régimen franquista. El magnicidio ocurrió en un contexto de gran tensión política y social, con un país que enfrentaba tanto la opresión de una dictadura como el creciente descontento de sectores nacionalistas, opositores y movimientos clandestinos que pedían democracia.

Carrero Blanco, un militar de carrera, era uno de los hombres de mayor confianza de Francisco Franco. Había ascendido en la jerarquía militar y política del régimen tras la Guerra Civil Española (1936-1939) y se convirtió en uno de los pilares fundamentales del franquismo. Su lealtad a Franco, su capacidad organizativa y su perfil conservador le aseguraron una posición privilegiada dentro del régimen. En junio de 1973, Franco, ya anciano y con problemas de salud, lo nombró presidente del gobierno, dejándole de facto al mando de los asuntos cotidianos de la administración, mientras Franco retenía el cargo de jefe de Estado.

Carrero Blanco era visto como el encargado de asegurar la continuidad del franquismo tras la muerte de Franco. Era un defensor firme de mantener el sistema autoritario y su papel era crucial para la llamada "solución monárquica", es decir, la restauración de la monarquía en la figura de Juan Carlos de Borbón bajo un régimen controlado por las fuerzas franquistas, en un intento de impedir una transición hacia una democracia plena. Esta visión conservadora chocaba frontalmente con las aspiraciones democráticas de gran parte de la sociedad española y de los movimientos de oposición que luchaban por el fin de la dictadura.

A inicios de la década de 1970, España se encontraba en una encrucijada. Aunque el régimen franquista seguía siendo firme y autoritario, el descontento social y político iba en aumento. La oposición a Franco se había organizado en diversos frentes: desde los comunistas y socialistas, que operaban de manera clandestina, hasta los nacionalistas vascos y catalanes, que reclamaban mayores libertades y autonomía. En las fábricas y universidades, los movimientos obreros y estudiantiles también manifestaban su rechazo al régimen.

A nivel internacional, España estaba cada vez más aislada debido a su régimen dictatorial. Mientras gran parte de Europa occidental se desarrollaba en un marco democrático y de bienestar, España seguía bajo un sistema represivo que censuraba cualquier forma de disidencia. Este aislamiento afectaba tanto económica como políticamente al país. En este contexto, las expectativas de cambio se centraban en la figura de Carrero Blanco, quien representaba la continuidad de un sistema que muchos españoles deseaban superar.

Entre los movimientos de oposición al régimen franquista, uno de los más significativos y radicales era ETA, un grupo nacionalista vasco fundado en 1959 con el objetivo de luchar por la independencia del País Vasco y oponerse al régimen de Franco. Inicialmente, ETA había adoptado una postura más cultural y política, pero a medida que el régimen se mantenía inflexible y la represión aumentaba, la organización optó por métodos más violentos, incluyendo atentados y secuestros. Para ETA, Carrero Blanco simbolizaba la opresión del régimen franquista, no solo contra el País Vasco, sino contra toda España.

A lo largo de la década de 1960 y principios de la de 1970, ETA intensificó sus acciones, que incluyeron atentados contra funcionarios del gobierno, policías y militares. En 1968, ETA perpetró su primer asesinato con el asesinato del jefe de la policía secreta en Guipúzcoa, Melitón Manzanas. Esta acción fue un punto de inflexión en la evolución de ETA hacia una lucha armada más directa contra el régimen.

El asesinato de Carrero Blanco fue una operación meticulosamente planeada y ejecutada. Durante meses, un comando de ETA alquiló un piso en la calle Claudio Coello, en Madrid, cerca del lugar donde Carrero Blanco asistía a misa regularmente. Excavaron un túnel bajo la calle, donde colocaron varios explosivos. El 20 de diciembre de 1973, al paso del coche de Carrero Blanco, detonaron los explosivos, lo que provocó que el automóvil se elevara varios metros en el aire y aterrizara en un patio interior, matando instantáneamente al presidente del gobierno.

El asesinato de Carrero Blanco desestabilizó al régimen franquista en un momento en el que se encontraba preparando su transición hacia una monarquía controlada. La desaparición del hombre de confianza de Franco dejó un vacío de poder en un momento crítico. Franco, devastado por la muerte de su principal colaborador, fue incapaz de encontrar un sustituto con la misma autoridad y lealtad. Se nombró a Carlos Arias Navarro como nuevo presidente del gobierno, pero su liderazgo no tuvo la misma fuerza ni la capacidad de asegurar la continuidad del régimen.

El atentado también tuvo un profundo impacto en la percepción del régimen dentro y fuera de España. ETA ganó notoriedad y demostró que el régimen franquista, a pesar de su represión, no era invulnerable. Sin embargo, lejos de acelerar la lucha por la independencia del País Vasco, la acción de ETA aumentó la represión en las regiones vascas y catalanas, donde el régimen respondió con detenciones y ejecuciones de activistas.

A nivel internacional, el asesinato de Carrero Blanco fue percibido como un golpe decisivo al régimen franquista, que a partir de ese momento inició su declive final. Franco, anciano y cada vez más débil, murió dos años después, en 1975, dejando a España al borde de una transición política que culminaría con la instauración de la democracia y la Constitución de 1978.

16. El atentado contra Park Chung-hee: Cuando la mano destinada a proteger es la ejecutadora

El asesinato del presidente Park Chung-hee el 26 de octubre de 1979 marcó un punto de inflexión en la historia de Corea del Sur. Park, quien había gobernado el país con mano firme desde 1961, fue asesinado por su propio jefe de inteligencia, Kim Jae-gyu, en medio de crecientes tensiones políticas, económicas y sociales. Este evento puso fin a casi dos décadas de su régimen autoritario, que, aunque había impulsado un crecimiento económico sin precedentes, también había reprimido libertades políticas y civiles.

Park Chung-hee llegó al poder en Corea del Sur a través de un golpe militar en 1961, en un momento en que el país enfrentaba serios desafíos económicos y políticos. Corea del Sur, devastada por la Guerra de Corea (1950-1953) y luchando por consolidar su identidad nacional frente a la amenaza constante de

Corea del Norte, estaba sumida en la pobreza y en una agitación política crónica. Park, un exgeneral del ejército, vio la oportunidad de estabilizar el país y conducirlo hacia el desarrollo.

Bajo su liderazgo, Corea del Sur experimentó una transformación económica sin precedentes, conocida como el Milagro del Río Han. Park implementó una serie de reformas económicas dirigidas al desarrollo industrial, con un fuerte enfoque en las exportaciones y la modernización de la infraestructura. El gobierno proporcionó un entorno favorable para el crecimiento de conglomerados industriales, conocidos como chaebols (como Samsung, Hyundai y LG), que jugaron un papel central en el desarrollo económico del país. Este crecimiento llevó a un aumento significativo en el nivel de vida de los surcoreanos, pero también cimentó un poder centralizado bajo el control de Park.

Sin embargo, el éxito económico de Park fue acompañado por una creciente represión política. En 1972, en medio de un clima de inestabilidad política y temores de amenazas internas y externas, Park declaró la Constitución Yushin, que le otorgó poderes casi dictatoriales. Bajo el régimen de Yushin, el presidente tenía control total sobre el aparato estatal, el parlamento y el sistema judicial. La represión de los disidentes políticos, la censura de los medios de comunicación y la persecución de activistas estudiantiles y sindicales se convirtieron en la norma.

A medida que la década de 1970 avanzaba, las tensiones políticas y sociales en Corea del Sur aumentaron. Si bien el país experimentaba un rápido crecimiento económico, el autoritarismo de Park y la falta de libertades políticas generaban descontento, especialmente entre la clase media emergente, los estudiantes y los trabajadores. Las protestas estudiantiles se volvieron cada vez más frecuentes, exigiendo reformas democráticas y el fin del régimen Yushin.

Las relaciones laborales también comenzaron a tensarse, ya que muchos trabajadores, especialmente en el sector industrial, se sentían explotados por los chaebols y las duras condiciones de trabajo impuestas en nombre del desarrollo económico. A pesar del crecimiento económico, la desigualdad social y la falta de derechos laborales crearon un terreno fértil para la insatisfacción social.

En el ámbito internacional, Corea del Sur se encontraba en una encrucijada. Aunque mantenía una alianza firme con los Estados Unidos, que apoyaba a Park como un baluarte anticomunista en la región, Washington comenzó a presionar por reformas democráticas. Al mismo tiempo, la Guerra Fría y las tensiones con Corea del Norte mantenían al país en un estado de alerta permanente, lo que Park utilizaba como justificación para su régimen autoritario.

En 1979, las tensiones internas llegaron a un punto crítico. En el mes de octubre, estallaron protestas masivas en la ciudad de Busan, que rápidamente se extendieron a Masán y otras áreas del país. Las manifestaciones, conocidas como las Protestas de Busan-Masán, fueron lideradas por estudiantes y trabajadores que exigían reformas democráticas y la renuncia de Park. Estas protestas representaron un desafío directo al gobierno, y la respuesta del régimen fue brutal, con la imposición de la ley marcial y una fuerte represión.

A medida que las protestas se intensificaban, dentro del círculo cercano de Park también comenzaron a surgir tensiones. Kim Jae-gyu, el director de la Agencia Central de Inteligencia de Corea (KCIA) y uno de los colaboradores más cercanos de Park, tenía profundas diferencias con el jefe de seguridad presidencial, Cha Ji-chul, quien apoyaba medidas cada vez más represivas contra los manifestantes. Cha era visto como un extremista, y su influencia sobre Park creaba tensiones internas en el gobierno.

Kim, por otro lado, creía que las políticas represivas solo empeorarían la situación y que un enfoque más moderado podría salvar al país de una posible insurrección o golpe militar. Se sentía frustrado por la creciente influencia de Cha y la intransigencia de Park para reformar su gobierno.

El 26 de octubre de 1979, durante una cena en la Casa de Seguridad en Seúl, Kim Jae-gyu tomó una decisión drástica. En un momento de tensión durante la comida, Kim sacó una pistola y disparó fatalmente contra Park Chung-hee y su jefe de seguridad, Cha Ji-chul. Park murió en el acto, poniendo fin a 18 años de gobierno autoritario.

El asesinato de Park sorprendió a la nación y desató una crisis inmediata en el gobierno. Kim fue arrestado poco después del atentado y, durante su juicio, justificó sus acciones como un intento de salvar a Corea del Sur de una dictadura que, según él, llevaría al país a una catástrofe. Afirmó que su decisión de matar a Park era necesaria para restaurar la democracia y evitar una guerra civil. Sin embargo, muchos analistas creen que Kim también actuó por motivos personales, dada su frustración con Cha Ji-chul y el hecho de que su influencia sobre Park había disminuido.

El asesinato de Park Chung-hee dejó un vacío de poder en Corea del Sur. Aunque la economía del país seguía en auge, la inestabilidad política era evidente. El gobierno entró en una fase de transición caótica, y Corea del Sur estuvo bajo la ley marcial durante varios meses. El general Chun Doo-hwan finalmente tomó el control en un golpe militar en 1980, instaurando otro régimen autoritario que duraría hasta 1987.

Sin embargo, la muerte de Park también catalizó el proceso de democratización en Corea del Sur. Aunque la dictadura militar continuó por algunos años más, las protestas populares y el creciente descontento social llevaron finalmente a las reformas democráticas de 1987, que marcaron el comienzo de la Corea del Sur moderna, una democracia estable con una economía robusta.

El atentado de Kim Jae-gyu, aunque violento y dramático, reflejó las profundas divisiones dentro del régimen y el agotamiento de un sistema que ya no podía sostenerse en el contexto de una sociedad en transformación. Con el tiempo, Corea del Sur emergería como una de las democracias más vibrantes de Asia, y el asesinato de Park Chung-hee sería recordado como un momento crucial en ese difícil pero inevitable proceso.

17. El atentado contra Anwar Sadat: El odio religioso por encima de la paz

El asesinato del presidente egipcio Anwar Sadat el 6 de octubre de 1981 fue un momento crucial en la historia del Medio Oriente y de Egipto. Su muerte ocurrió durante un desfile militar en El Cairo, cuando soldados del ejército, infiltrados por extremistas islamistas, abrieron fuego contra el presidente. Este magnicidio estuvo profundamente influenciado por las tensiones sociales, políticas y religiosas que envolvían al país, así como por las decisiones diplomáticas de Sadat, particularmente su histórica firma del Tratado de Paz con Israel en 1979.

Anwar Sadat llegó al poder en 1970 tras la muerte de Gamal Abdel Nasser, el carismático líder que había sido el rostro del panarabismo y del nacionalismo egipcio durante casi dos décadas. A diferencia de Nasser, cuyo gobierno estuvo marcado por una política exterior de confrontación con Occidente y con Israel, Sadat se presentó como un líder dispuesto a buscar la paz y a liberalizar la economía egipcia.

Su gobierno estuvo inicialmente caracterizado por un intento de distanciarse de las políticas socialistas de Nasser y de establecer una relación más pragmática con las potencias occidentales. Uno de los primeros movimientos de Sadat fue expulsar a los asesores soviéticos del país, lo que fue visto como una clara señal de acercamiento a Estados Unidos y otras naciones occidentales.

Uno de los momentos clave en la presidencia de Sadat fue su liderazgo durante la Guerra del Yom Kippur en

1973, un conflicto en el que Egipto y Siria lanzaron una ofensiva conjunta contra Israel en un intento de recuperar los territorios perdidos en la Guerra de los Seis Días de 1967. Aunque el conflicto no terminó en una victoria militar decisiva, la guerra restauró parte del orgullo árabe y permitió a Sadat posicionarse como un líder capaz de desafiar a Israel y negociar desde una posición de mayor fortaleza.

Posteriormente, Sadat tomó la decisión que definiría su legado: la búsqueda de la paz con Israel. Tras años de conflicto bélico entre los dos países, Sadat sorprendió al mundo en 1977 cuando visitó Jerusalén y se dirigió al parlamento israelí, el Knesset, abogando por la paz. Esta iniciativa culminó en la firma de los Acuerdos de Camp David en 1978, mediados por el presidente estadounidense Jimmy Carter, y finalmente en el Tratado de Paz entre Egipto e Israel en 1979.

Por estos esfuerzos, Sadat fue galardonado con el Premio Nobel de la Paz junto al primer ministro israelí Menachem Begin. Sin embargo, este acuerdo no fue bien recibido en el mundo árabe. Egipto, que históricamente había sido el líder del nacionalismo árabe, fue repudiado por muchos países árabes y la Liga Árabe trasladó su sede de El Cairo a Túnez como señal de desaprobación. Sadat fue acusado de traicionar la causa palestina y de romper la unidad árabe.

Mientras Sadat alcanzaba la fama internacional como un líder valiente y defensor de la paz, en el interior de Egipto enfrentaba crecientes críticas. Su apertura hacia Occidente y las políticas de liberalización económica, conocidas como la Infitah, no lograron resolver los profundos problemas económicos que afectaban a la población. El costo de la vida aumentaba, y las clases bajas se sentían marginadas en un país donde la corrupción y la desigualdad social eran rampantes.

Además, las reformas económicas de Sadat beneficiaron a las élites y empresarios cercanos al gobierno, mientras que la clase media y baja enfrentaban dificultades crecientes. En 1977, Egipto fue testigo de violentas protestas por el alza del precio de los alimentos, después de que Sadat implementara una serie de recortes a los subsidios del gobierno como parte de su agenda de liberalización económica.

El descontento social no solo provenía de sectores económicos, sino también del creciente movimiento islamista que veía las políticas de Sadat como una traición a los principios religiosos y nacionales de Egipto. Los islamistas radicales, muchos de los cuales habían sido reprimidos durante el régimen de Nasser, comenzaron a ganar terreno durante la presidencia de Sadat.

A pesar de que Sadat intentó en sus primeros años de gobierno reconciliarse con los grupos islamistas, estos comenzaron a verlo como un traidor no solo por su acercamiento a Israel, sino también por su estrecha relación con Estados Unidos. Sadat también permitió una mayor libertad religiosa, lo que paradójicamente facilitó el crecimiento del islamismo radical, particularmente de la Jihad Islámica Egipcia, un grupo extremista que sería clave en su asesinato.

El sentimiento antioccidental y antiisraelí creció dentro de estos grupos islamistas, que vieron en la firma del tratado de paz con Israel un acto de traición contra la Umma (la comunidad islámica). Además, Sadat fue percibido como un líder cada vez más autoritario que reprimía a sus críticos mediante detenciones y censura.

En septiembre de 1981, apenas un mes antes de su asesinato, Sadat lanzó una campaña masiva de represión, arrestando a más de 1,500 opositores políticos, incluidos islamistas, comunistas y activistas liberales. Esta represión solo aumentó las tensiones, y los islamistas radicales comenzaron a planear su venganza.

El 6 de octubre de 1981, durante un desfile militar que conmemoraba la victoria de Egipto en la Guerra del Yom Kippur, el presidente Anwar Sadat fue asesinado. Un grupo de soldados, liderados por el teniente Khalid Islambouli, miembro de la Jihad Islámica Egipcia, se infiltró en el desfile. Armados con rifles y granadas, interrumpieron la ceremonia oficial y abrieron fuego contra Sadat, quien murió al instante junto con varios oficiales militares.

El atentado fue resultado de un cuidadoso plan orquestado por la Jihad Islámica y otros grupos extremistas que consideraban a Sadat un traidor a la causa árabe y musulmana. Islambouli y sus cómplices, que actuaron con frialdad y precisión, no tenían la intención de huir; creían que su acción era un acto de martirio en defensa del islam.

El asesinato de Sadat dejó a Egipto en un estado de incertidumbre política. Fue sucedido por su vicepresidente, Hosni Mubarak, quien gobernaría el país durante casi tres décadas con un estilo autoritario similar al de Sadat, pero con mayor énfasis en la represión de los movimientos islamistas.

El asesinato de Sadat también profundizó las divisiones en el mundo árabe y musulmán. Aunque el tratado de paz entre Egipto e Israel sobrevivió, las tensiones entre los países árabes, las facciones islamistas y los estados occidentales persistieron.

Sadat fue recordado como un líder que cambió el rumbo de la historia de Egipto y del Medio Oriente, arriesgando su vida por la paz. Sin embargo, su decisión de romper con décadas de hostilidad hacia Israel y su alineamiento con Occidente le costaron la vida. El atentado contra Sadat marcó no solo el final de su vida, sino también el comienzo de una nueva era de inestabilidad y violencia en Egipto, que aún enfrenta los desafíos planteados por el radicalismo islamista y las tensiones internas.

18.   El atentado contra Ronald Reagan: La curiosa conexión con Hollywood

El atentado contra el presidente de los Estados Unidos, Ronald Reagan, el 30 de marzo de 1981, fue un evento que estremeció tanto a la nación como al mundo. Reagan, quien había asumido la presidencia apenas unos meses antes, sobrevivió milagrosamente a un ataque en el que el agresor disparó seis tiros en pocos segundos. Aunque fue un incidente con profundas implicaciones políticas y sociales, el atentado fue, en esencia, el resultado de un acto aislado llevado a cabo por un individuo con problemas psicológicos, más que un reflejo directo de las tensiones políticas de la época.

Ronald Reagan asumió la presidencia de los Estados Unidos el 20 de enero de 1981, tras una contundente victoria sobre el presidente demócrata saliente, Jimmy Carter. Reagan, un ex actor de cine y gobernador de California, había construido su plataforma política sobre un mensaje de fortalecimiento de la economía mediante una política de reducción de impuestos y disminución de la regulación gubernamental. Este enfoque se conoció como Reaganomics, y prometía reducir el gasto del gobierno mientras impulsaba el crecimiento económico.

En el ámbito internacional, Reagan llegó al poder en un momento de alta tensión en la Guerra Fría entre los Estados Unidos y la Unión Soviética. Reagan era un firme crítico del comunismo y había prometido adoptar una postura más dura frente a Moscú, a diferencia del enfoque más diplomático de Carter. Reagan defendía la necesidad de un fuerte aumento en el presupuesto militar, lo que sería parte de su estrategia para contener la expansión soviética.

Además, el mandato de Reagan coincidió con un contexto social complejo. Estados Unidos seguía recuperándose del desastre económico de los años 70, con altas tasas de inflación y desempleo. También había una creciente polarización política, con muchos ciudadanos temerosos de la expansión del poder gubernamental y preocupados por la seguridad económica y la influencia soviética en el mundo. Aunque estas tensiones eran evidentes, no fueron la causa directa del intento de asesinato contra Reagan.

El atacante, John Hinckley Jr., no actuó por razones políticas o ideológicas. Su motivación surgió de su obsesión con la actriz Jodie Foster. Hinckley había visto la película Taxi Driver (1976), protagonizada por Robert De Niro, en la que el personaje principal intenta asesinar a un político para impresionar a una mujer. Inspirado por esta trama, Hinckley desarrolló una obsesión enfermiza con Foster y llegó a creer que realizar un acto dramático y violento, como el asesinato de un presidente, lo haría destacar ante los ojos de la actriz.

A lo largo de varios meses, Hinckley intentó diversas maneras de contactar con Foster, quien estaba entonces estudiando en la Universidad de Yale, pero al no obtener respuesta decidió planear un atentado contra el presidente. Antes de atacar a Reagan, Hinckley había seguido a Jimmy Carter en varios viajes, aunque nunca encontró la oportunidad de acercarse al presidente saliente. Cuando Reagan asumió el cargo, Hinckley lo convirtió en su objetivo.

El 30 de marzo de 1981, Ronald Reagan salía del Hotel Washington Hilton en Washington D.C., tras dar un discurso ante un grupo de líderes sindicales. Mientras caminaba hacia su limusina, acompañado por agentes del Servicio Secreto y otros funcionarios, John Hinckley Jr. emergió entre la multitud y disparó seis tiros con un revólver Röhm RG-14 calibre .22.

Uno de los disparos rebotó en la limusina blindada y alcanzó a Reagan en el pecho, perforándole un pulmón y dejándolo a pocos centímetros de su corazón. Afortunadamente, la rápida acción de los agentes del Servicio Secreto y el equipo médico permitió que Reagan llegara a tiempo al hospital George Washington University Hospital, donde fue sometido a una cirugía de emergencia. Reagan se recuperó completamente, y su capacidad para sobrellevar el atentado le ganó una gran simpatía pública.

Además de Reagan, otras tres personas resultaron heridas en el ataque:

James Brady, el secretario de prensa de la Casa Blanca, fue alcanzado en la cabeza y sufrió lesiones cerebrales permanentes que lo dejaron parcialmente paralizado.

Timothy McCarthy, agente del Servicio Secreto, fue herido en el abdomen mientras protegía al presidente.

Thomas Delahanty, un oficial de policía de Washington fue herido en el cuello.

El atentado contra Ronald Reagan no tuvo una motivación política clara, pero las consecuencias políticas y sociales fueron profundas. En primer lugar, la figura de Reagan se vio notablemente fortalecida. Su imagen de fortaleza, sentido del humor y optimismo durante su recuperación, incluido su famoso comentario antes de ser operado, "Espero que todos ustedes sean republicanos", contribuyeron a su creciente popularidad. Esto permitió que su agenda política tomara impulso, ayudando a que el Congreso aprobara varias de sus reformas económicas.

En el ámbito de la seguridad, el atentado llevó a una reevaluación de los protocolos de seguridad presidencial. A pesar de que el Servicio Secreto había implementado medidas rigurosas, el ataque demostró que los riesgos aún eran altos en eventos públicos. Después del atentado, se reforzaron las prácticas de protección presidencial y se tomaron medidas adicionales para prevenir futuros intentos de asesinato.

El atentado también tuvo un impacto en el control de armas. Aunque no fue inmediato, el ataque renovó el debate sobre el acceso a armas de fuego en los Estados Unidos. En particular, James Brady, el secretario de prensa herido en el ataque, se convirtió en un ferviente defensor del control de armas. Junto a su esposa Sarah, abogaron por una legislación más estricta, lo que finalmente llevó a la aprobación de la Ley Brady en 1993, que establecía un período de espera y la verificación de antecedentes para la compra de armas de fuego.

John Hinckley Jr. fue arrestado de inmediato tras el atentado y llevado a juicio. En 1982, fue declarado no culpable por inimputabilidad debido a su enfermedad mental. Este veredicto generó un gran debate público, ya que muchas personas consideraban que, a pesar de su estado mental, Hinckley debía haber sido condenado a prisión. Como resultado de este veredicto, el Congreso aprobó leyes más estrictas relacionadas con la defensa por problemas de salud mental en los juicios penales.

Hinckley pasó décadas bajo custodia en un hospital psiquiátrico. En 2016, fue liberado bajo estrictas condiciones, aunque siguió siendo monitoreado por las autoridades.

19.   El atentado contra el Papa Juan Pablo II: Religión y política en medio de la Guerra Fría.

El 13 de mayo de 1981, el Papa Juan Pablo II fue víctima de un atentado en la Plaza de San Pedro en el Vaticano, un ataque que conmocionó al mundo. Mientras saludaba a la multitud desde su papamóvil, un hombre turco llamado Mehmet Ali Ağca disparó cuatro veces contra él, hiriéndolo gravemente. El pontífice, herido en el abdomen y las manos, fue trasladado de urgencia al hospital, donde se sometió a una cirugía de emergencia que le salvó la vida. Este intento de asesinato tuvo profundas implicaciones tanto religiosas como políticas y se produjo en un contexto global marcado por la Guerra Fría, la lucha ideológica entre el Occidente capitalista y el bloque comunista.

Juan Pablo II, nacido como Karol Józef Wojtyła en Polonia en 1920, fue elegido Papa en 1978. Su elección fue histórica, ya que se convirtió en el primer pontífice no italiano en más de 450 años. Además, venía de Polonia, un país bajo el control comunista, lo que hizo que su elección tuviera un fuerte impacto en el contexto de la Guerra Fría. Desde el inicio de su papado, Juan Pablo II adoptó una postura activa en defensa de los derechos humanos y la libertad religiosa, lo que lo convirtió en un crítico firme del régimen comunista en Europa del Este.

Su apoyo a los movimientos de oposición, especialmente al sindicato Solidaridad en Polonia, lo convirtió en una figura clave en la resistencia pacífica al comunismo. Solidaridad, liderado por Lech Wałęsa, desafiaba el control soviético y buscaba mejoras en los derechos de los trabajadores, siendo uno de los principales actores en la eventual caída del comunismo en Europa del Este.

La oposición de Juan Pablo II al comunismo, así como su apoyo a los derechos humanos y las libertades civiles, lo posicionaron como una figura de gran influencia tanto dentro como fuera de Europa. Sin embargo, también lo convirtieron en un objetivo para aquellos que veían su papel como una amenaza para los regímenes comunistas.

En 1981, el mundo estaba en el clímax de la Guerra Fría, una confrontación entre las superpotencias de los Estados Unidos y la Unión Soviética, que dividía al mundo entre ideologías rivales: el capitalismo y el comunismo. La influencia de la Iglesia Católica y del Papa Juan Pablo II en particular, que abogaba por la libertad y los derechos humanos en los países comunistas, era vista como una amenaza para la estabilidad de los regímenes comunistas, especialmente en Europa del Este.

Polonia, el país natal de Juan Pablo II, estaba en el centro de esta tensión. El movimiento Solidaridad, que había ganado fuerza a finales de la década de 1970 y principios de 1980, se había convertido en un símbolo de resistencia frente al control soviético. El apoyo tácito del Papa al movimiento era evidente, y su visita a Polonia en 1979 había sido una inspiración para millones de personas que buscaban liberarse del yugo comunista.

El papel del Papa en la desestabilización de los regímenes comunistas en Europa del Este hizo que surgieran teorías que vinculaban el intento de asesinato con los servicios secretos del bloque soviético, en particular con la KGB y los servicios de inteligencia de Bulgaria, un país estrechamente alineado con Moscú. Aunque no se ha confirmado plenamente, algunos historiadores y expertos creen que el atentado fue parte de un complot más amplio para silenciar a Juan Pablo II, cuya influencia representaba un desafío para el comunismo.

Mehmet Ali Ağca, el hombre que intentó asesinar al Papa era miembro de un grupo ultranacionalista turco llamado los Lobos Grises, conocidos por su extremismo de derecha y su oposición a las ideologías comunistas. Antes del atentado, Ağca ya había sido condenado por el asesinato del periodista turco Abdi İpekçi en 1979, pero había logrado escapar de prisión.

Ağca había declarado en varias ocasiones su odio hacia Occidente y la Iglesia Católica, y afirmó que el Papa representaba un símbolo de "occidentalismo" que debía ser eliminado. Sin embargo, los motivos exactos de Ağca para atacar a Juan Pablo II siguen siendo objeto de debate. Tras su arresto, ofreció diversas versiones contradictorias sobre su motivación, lo que alimentó aún más las teorías de que podría haber actuado bajo la influencia de servicios secretos de países comunistas.

Durante su juicio, Ağca afirmó que había sido reclutado por la inteligencia búlgara, lo que llevó a las autoridades italianas a investigar un posible complot comunista. Sin embargo, aunque varios funcionarios búlgaros fueron arrestados y juzgados, no se encontraron pruebas concluyentes que vincularan al bloque soviético con el atentado.

El 13 de mayo de 1981, Juan Pablo II recorría la Plaza de San Pedro en el Vaticano, saludando a los fieles desde su papamóvil, como era su costumbre. Mehmet Ali Ağca, que se encontraba entre la multitud, disparó cuatro veces desde una corta distancia, hiriendo al Papa gravemente en el abdomen, la mano izquierda y el brazo derecho. A pesar de sus heridas, Juan Pablo II fue trasladado rápidamente al Hospital Gemelli, donde fue operado de urgencia.

La noticia del atentado sacudió al mundo. Durante varios días, la vida del pontífice estuvo en peligro, pero gracias a la intervención médica, sobrevivió. En los años posteriores, Juan Pablo II consideró su supervivencia como un milagro, relacionando el hecho de que el atentado ocurriera en el aniversario de la aparición de la Virgen de Fátima, el 13 de mayo. Incluso llegó a visitar a Ağca en prisión en 1983, en un gesto de perdón que asombró al mundo.

En términos políticos, el atentado no logró disminuir la influencia del Papa en la política mundial. De hecho, su postura contra el comunismo se fortaleció, y continuó siendo un apoyo clave para el movimiento

Solidaridad en Polonia, que finalmente desempeñaría un papel crucial en la caída del comunismo en Europa del Este hacia finales de la década de 1980.

La capacidad de Juan Pablo II para perdonar a su atacante y su continua lucha por la paz y la libertad tras el atentado lo consolidaron como una de las figuras más influyentes del siglo XX.

20.   El atentado contra Indira Gandhi: Operación Estrella Azul, la clave del conflicto

El 31 de octubre de 1984, la primera ministra de la India, Indira Gandhi, fue asesinada por dos de sus guardaespaldas en su residencia oficial en Nueva Delhi. Este magnicidio fue el resultado de una serie de tensiones políticas, religiosas y sociales que se habían acumulado durante años en torno al conflicto entre el gobierno central indio y la comunidad sij, en particular tras la controvertida operación militar conocida como Operación Estrella Azul. El asesinato de Gandhi fue un punto culminante de la violencia sectaria que desgarraba a la India, y su muerte desató una ola de disturbios y represalias en todo el país.

Indira Gandhi, hija del primer primer ministro de la India, Jawaharlal Nehru, fue una figura política influyente que gobernó la India en dos periodos (1966-1977 y 1980-1984). Durante su mandato, impulsó políticas nacionalistas y de modernización, pero también acumuló una gran cantidad de poder, convirtiéndose en una figura autoritaria en ciertos aspectos. Su gobierno estuvo marcado por importantes logros, como la guerra de 1971 que llevó a la creación de Bangladesh, y por episodios controvertidos como la Emergencia entre 1975 y 1977, cuando suspendió derechos civiles y encarceló a opositores políticos.

Sin embargo, el mandato de Indira Gandhi también estuvo plagado de desafíos internos, entre ellos, los crecientes conflictos entre comunidades religiosas en India, en particular con la comunidad sij, un grupo minoritario pero poderoso en el norte del país, especialmente en el estado de Punjab.

La comunidad sij, que tiene su sede espiritual en el Templo Dorado en Amritsar, Punjab, había estado enfrentando tensiones con el gobierno central desde hacía décadas. Los sijs, que constituían una minoría significativa en India, eran una comunidad que gozaba de una fuerte identidad cultural y religiosa. Durante los años 80, algunos elementos radicales dentro de la comunidad sij comenzaron a abogar por la creación de un estado independiente llamado Khalistán, lo que desató tensiones entre los sijs y el gobierno indio.

El líder radical sij Jarnail Singh Bhindranwale se convirtió en el principal defensor de este movimiento separatista, y bajo su liderazgo, el Templo Dorado se convirtió en un bastión de militantes sij armados. Bhindranwale había ido ganando fuerza en su demanda de una mayor autonomía para Punjab y para la comunidad sij, lo que lo llevó a una confrontación abierta con el gobierno de Indira Gandhi.

En 1984, las tensiones entre el gobierno indio y los separatistas sij llegaron a su punto máximo cuando

Indira Gandhi ordenó una operación militar para desalojar a los militantes del Templo Dorado, lo que resultó en la Operación Estrella Azul. Esta operación, que tuvo lugar en junio de 1984, consistió en un asalto militar en el santuario sij más sagrado, y aunque Bhindranwale fue asesinado junto con muchos de sus seguidores, la incursión provocó una fuerte reacción en la comunidad sij.

El uso de fuerza militar dentro del Templo Dorado fue visto por muchos sijs como una profanación de su lugar más sagrado, y las imágenes de soldados indios entrando al templo con armas y tanques enfurecieron a sijs en todo el mundo. Aunque el gobierno de Indira Gandhi justificó la operación como una medida necesaria para acabar con el terrorismo, las repercusiones fueron profundas, ya que polarizó a la nación y alienó aún más a la comunidad sij.

Las tensiones entre la comunidad sij y el gobierno indio escalaron rápidamente después de la Operación Estrella Azul. Indira Gandhi, a pesar de las advertencias de sus asesores, decidió seguir manteniendo a miembros sij en su equipo de seguridad personal, lo que fue visto como un acto de confianza o de desafío. Sin embargo, esta decisión resultó fatal.

El 31 de octubre de 1984, dos de sus guardaespaldas sij, Beant Singh y Satwant Singh, la emboscaron cuando se dirigía a una entrevista televisada en su residencia. Beant Singh le disparó tres veces con su revólver, y luego Satwant Singh disparó varias veces con su ametralladora. Indira Gandhi fue llevada de inmediato al hospital, pero murió poco después debido a la gravedad de sus heridas.

El asesinato de Gandhi fue el resultado directo de las profundas heridas provocadas por la Operación Estrella Azul y el resentimiento de la comunidad sij por la invasión del Templo Dorado. Los asesinos, motivados por un sentido de venganza por lo que consideraban una ofensa a su religión, ejecutaron uno de los magnicidios más significativos del siglo XX.

El asesinato de Indira Gandhi desató una ola de violencia anti-sij en todo el país, especialmente en Nueva Delhi. Durante varios días, miles de sijs fueron asesinados por multitudes enojadas, mientras que miles de negocios y hogares sij fueron saqueados y quemados. A menudo se ha alegado que el Partido del Congreso, que lideraba el gobierno, estuvo implicado en instigar y permitir los disturbios, lo que agravó aún más las tensiones sectarias.

Estas represalias crearon una cicatriz profunda en la relación entre la comunidad sij y el Estado indio. A nivel nacional, la muerte de Indira Gandhi también condujo a una transición en el poder. Su hijo, Rajiv Gandhi, asumió el cargo de primer ministro poco después de su asesinato y continuó liderando la India en un periodo de inestabilidad política y social.

El atentado contra Gandhi no solo fue un acto de venganza personal, sino también un reflejo de la tensión política y religiosa de una época en la que el Estado indio luchaba por mantener la unidad frente a desafíos internos complejos.

21. El atentado contra Olof Palme: Un magnicidio en un país pacífico

El 28 de febrero de 1986, el primer ministro sueco Olof Palme fue asesinado a tiros en el centro de Estocolmo mientras caminaba junto a su esposa, Lisbet Palme, tras salir de una función de cine. El magnicidio conmocionó no solo a Suecia, sino al mundo entero, debido al perfil público de Palme y al hecho de que su asesinato permaneció sin resolverse durante décadas. El contexto político y social que rodeó este atentado está profundamente arraigado en la figura de Olof Palme como líder carismático y en las tensiones globales y nacionales que lo rodeaban.

Olof Palme fue una de las figuras políticas más prominentes de Suecia durante el siglo XX. Nacido en una familia adinerada en 1927, Palme se convirtió en líder del Partido Socialdemócrata Sueco y fue primer ministro en dos ocasiones, de 1969 a 1976 y de 1982 hasta su asesinato en 1986. Durante su mandato, promovió políticas de bienestar social y fue un firme defensor de los derechos humanos, la paz y la neutralidad sueca.

A nivel internacional, Palme fue una voz influyente contra el colonialismo, el apartheid en Sudáfrica y la guerra de Vietnam, lo que lo convirtió en una figura respetada, pero también controvertida. Fue uno de los pocos líderes europeos que criticó abiertamente tanto a Estados Unidos como a la Unión Soviética, en un intento de mantener a Suecia como una nación neutral en medio de la Guerra Fría.

Palme apoyó a varios movimientos de liberación en países del Tercer Mundo y defendió causas como la independencia de Namibia, la lucha palestina, y la oposición al régimen dictatorial de Augusto Pinochet en Chile. Esta postura lo colocó en la mira de diversos grupos, tanto nacionales como internacionales, que lo veían como una amenaza a sus intereses.

En el ámbito interno, Suecia durante los años 80 era un país próspero, con un sistema de bienestar social que era la envidia del mundo. Sin embargo, también enfrentaba problemas crecientes. A pesar de su estabilidad económica y política, había un aumento de tensiones en torno a temas como la inmigración, la criminalidad y la radicalización política.

El país estaba comenzando a experimentar los primeros signos de fracturas sociales y políticas. Por un lado, las políticas de bienestar social que Palme defendía comenzaron a ser criticadas por la derecha política que abogaba por reformas más liberales en la economía. Por otro lado, los sectores más conservadores y ciertos grupos extremistas en Suecia comenzaron a ver a Palme como una amenaza para los valores tradicionales del país, en parte debido a su fuerte apoyo a movimientos internacionales de izquierda y su crítica a las dictaduras de derecha.

La noche del 28 de febrero de 1986, Olof Palme decidió salir sin escoltas de seguridad, como acostumbraba a hacer, para asistir al cine junto a su esposa. Después de la función, ambos caminaban por una calle céntrica de Estocolmo cuando un hombre se acercó por detrás y disparó a Palme a quemarropa. El primer ministro murió casi instantáneamente. Lisbet Palme también fue herida, pero sobrevivió al ataque.

El asesinato provocó un choque instantáneo en Suecia. El país, que había sido conocido por su baja tasa de criminalidad y su paz social, fue sacudido por el primer magnicidio en su historia moderna. Sin embargo, a pesar de la conmoción y los esfuerzos de las autoridades, la investigación del crimen se estancó, y durante años no se pudo identificar al asesino con certeza.

El asesinato de Olof Palme ha sido objeto de numerosas teorías de conspiración debido a la falta de pruebas concluyentes. A lo largo de las décadas, varias teorías han surgido, algunas basadas en sus posturas políticas y otras en teorías más locales.

Grupos de derecha y extremistas suecos: Una de las teorías más persistentes es que el asesinato fue cometido por un individuo o grupo vinculado a la extrema derecha sueca, que veía en Palme una amenaza debido a sus políticas progresistas y su apoyo a movimientos de izquierda internacionales.

Grupos internacionales: Las posturas de Palme en contra del apartheid en Sudáfrica y su firme oposición a la intervención estadounidense en Vietnam lo convirtieron en un objetivo potencial para organizaciones extranjeras. Algunos señalaron a los servicios secretos sudafricanos como posibles responsables, ya que Palme fue un feroz crítico del régimen segregacionista.

Conexión kurda: En un momento de la investigación, la policía sueca exploró la teoría de que el asesinato estaba relacionado con un grupo separatista kurdo llamado PKK (Partido de los Trabajadores del Kurdistán). Sin embargo, esta línea de investigación fue desacreditada con el tiempo.

Christer Pettersson: En 1989, un hombre llamado Christer Pettersson fue arrestado y condenado por el asesinato de Palme. Pettersson era un criminal común con antecedentes de abuso de drogas. Sin embargo, la condena fue anulada en 1989 debido a la falta de pruebas sólidas, y aunque Pettersson permaneció como sospechoso principal, su culpabilidad nunca se confirmó de manera concluyente.

Stig Engström y la resolución final: En 2020, la fiscalía sueca cerró formalmente el caso del asesinato de Olof Palme, identificando a Stig Engström, un diseñador gráfico y testigo del crimen, como el principal sospechoso. Engström, también conocido como "el hombre de Skandia", había sido mencionado en la investigación anterior, pero no había sido considerado seriamente como sospechoso. Engström murió en 2000, lo que llevó a las autoridades a concluir la investigación sin poder procesar al culpable.

El asesinato de Olof Palme dejó una huella indeleble en Suecia y en la política internacional. A nivel interno, Suecia se enfrentó a la realidad de que, a pesar de su estabilidad y paz, no era inmune a la violencia política. El magnicidio generó un periodo de introspección nacional, en el que se cuestionó la naturaleza del poder y la seguridad de los líderes públicos en una sociedad abierta.

En el ámbito internacional, la muerte de Palme privó al mundo de una de las voces más firmes a favor de la neutralidad, la paz y los derechos humanos. Su legado ha sido recordado como el de un líder valiente que defendió sus convicciones hasta el final, a pesar de las presiones internas y externas.

El magnicidio de Palme fue una trágica conclusión a una vida dedicada al servicio público, pero su legado ha perdurado como símbolo de una política basada en los principios morales y éticos en un mundo dividido por conflictos ideológicos.

22.   El atentado contra Thomas Sankara: El "Che Guevara Africano"

El 15 de octubre de 1987, el líder revolucionario de Burkina Faso, Thomas Sankara, fue asesinado en un golpe de Estado orquestado por sus compañeros cercanos, entre ellos, Blaise Compaoré, quien luego tomaría el poder. El asesinato de Sankara no solo fue el fin de un mandato de cuatro años, sino el colapso de un proyecto revolucionario que intentó transformar profundamente la estructura política, económica y social de Burkina Faso. El contexto político y social que llevó a este trágico evento estuvo marcado por la lucha entre las fuerzas progresistas de Sankara y las presiones internas y externas que buscaban mantener el status quo en África Occidental.

Thomas Sankara, nacido en 1949, era un joven oficial militar que se destacó por su carisma y su enfoque radical en la transformación social y política de Burkina Faso, entonces conocida como Alto Volta. Sankara llegó al poder en 1983 tras un golpe de Estado que, irónicamente, fue liderado por su amigo y compañero de armas, Blaise Compaoré. Desde el inicio de su mandato, Sankara se propuso cambiar profundamente el rumbo de la nación, rebautizándola como Burkina Faso, que significa "la tierra de los hombres íntegros", para desvincularse del legado colonial francés.

Sankara promovió una revolución panafricana basada en la autosuficiencia, la justicia social, la igualdad de género y la independencia económica. En lugar de depender de la ayuda exterior, Sankara abogaba por el trabajo colectivo y el desarrollo agrícola como bases para el crecimiento del país. Su enfoque radical le valió el aprecio de muchos dentro y fuera de África, pero también atrajo la atención y oposición de quienes se sentían amenazados por sus políticas.

Durante sus cuatro años en el poder, Sankara impulsó una serie de reformas sociales y económicas que transformaron Burkina Faso. Entre sus principales logros se encuentran:

<u>Redistribución de tierras</u>: Sankara alentó a los campesinos a cultivar de manera autosuficiente y redujo drásticamente la dependencia del país de la ayuda alimentaria extranjera.

<u>Campañas de vacunación:</u> Bajo su liderazgo, Burkina Faso se convirtió en uno de los pocos países africanos en lograr campañas de vacunación masivas, logrando reducir la mortalidad infantil.

<u>Empoderamiento de las mujeres</u>: Sankara promovió la igualdad de género al prohibir la mutilación genital femenina, el matrimonio forzado y la poligamia. También alentó a las mujeres a participar activamente en la vida pública y política.

<u>Lucha contra la corrupción:</u> Sankara implementó medidas drásticas para reducir la corrupción, recortó los privilegios de los funcionarios públicos y llevó un estilo de vida modesto, rechazando lujos que caracterizaban a otros líderes africanos.

<u>Rechazo de la deuda externa</u>: Sankara fue un crítico feroz de la deuda externa y la influencia de las potencias occidentales en África, llegando a pronunciar en la Cumbre de la Organización para la Unidad Africana (OUA) en 1987 que "no debemos pagar la deuda. La deuda no puede ser reembolsada porque si no lo hacemos, nuestros hijos y nietos tendrán que hacerlo".

Sin embargo, estas reformas también enfrentaron la oposición de diversos sectores tanto en el país como a nivel internacional. En el ámbito interno, su rápido y radical enfoque generó tensiones con sectores del ejército, la élite económica y los líderes tradicionales, quienes se vieron amenazados por la pérdida de privilegios.

Sankara se convirtió en una figura incómoda para muchas potencias extranjeras. Su postura antiimperialista, su llamado a la autosuficiencia africana y su crítica a la influencia occidental en el continente lo hicieron ganarse enemigos en varios frentes. Francia, la antigua potencia colonial, veía con desagrado el liderazgo de Sankara, ya que temía que sus ideas se expandieran a otras naciones francófonas del África Occidental, afectando sus intereses geopolíticos y económicos en la región.

Además, la estrecha relación de Sankara con Libia y su líder Muammar Gaddafi causó preocupación en las potencias occidentales y en algunos líderes africanos, ya que Gaddafi era visto como una figura desestabilizadora en la política internacional.

A nivel interno, Sankara también se enfrentaba a crecientes tensiones dentro de su propio círculo de poder. Su visión radical y sus reformas agresivas comenzaron a alienar a algunas facciones dentro del ejército, especialmente a aquellos que habían apoyado su llegada al poder, pero no compartían su enfoque revolucionario.

Uno de los principales conspiradores fue su amigo y compañero de armas Blaise Compaoré, quien inicialmente fue parte integral de la revolución, pero más tarde comenzó a distanciarse de Sankara. Compaoré, influenciado por intereses extranjeros y elites internas que se sentían desplazadas, comenzó a percibir a Sankara como un obstáculo para sus propias ambiciones políticas. La relación entre ambos se deterioró rápidamente.

El 15 de octubre de 1987, el ministro de justicia Blaise Compaoré con ayuda del Gobierno francés de François Mitterrand, lideró un golpe militar contra Sankara en Uagadugú, la capital del país, quien fue asesinado junto a varios de sus colaboradores más cercanos. El cuerpo fue desmembrado y enterrado en una tumba anónima, y su viuda e hijos salieron del país. Una semana antes de ser ejecutado pronunció una frase célebre: "Aunque los revolucionarios, como individuos, puedan ser asesinados, nunca se podrán matar sus ideas".

El asesinato de Thomas Sankara marcó el fin de una era revolucionaria en Burkina Faso y fue visto como un golpe a los movimientos panafricanos y antiimperialistas en África. Blaise Compaoré, quien se consolidó en el poder, mantuvo un gobierno más alineado con las potencias occidentales y frenó muchas de las reformas radicales que Sankara había implementado.

Sin embargo, la figura de Sankara ha perdurado como un símbolo de lucha y resistencia para muchos africanos y personas alrededor del mundo. A pesar de su breve mandato, Sankara dejó un legado profundo en la historia de África, especialmente en su llamado a la autosuficiencia, la justicia social y la igualdad de género. Su visión de un África libre de las cadenas de la deuda externa y la dependencia sigue resonando en movimientos políticos y sociales en todo el continente.

Décadas después de su asesinato, el nombre de Sankara sigue evocando respeto y admiración. En 2016, el gobierno de Burkina Faso, tras la caída de Blaise Compaoré, decidió exhumar los restos de Sankara y realizar una investigación oficial sobre su muerte. En 2021, Blaise Compaoré fue juzgado en ausencia por su papel en el asesinato de Sankara, lo que marcó un paso hacia la justicia histórica.

En la actualidad, Thomas Sankara es recordado como el "Che Guevara africano", una figura inspiradora cuyo legado de lucha contra la opresión, el colonialismo y la explotación económica sigue vivo en la memoria colectiva de Burkina Faso y más allá.

23. El atentado contra Mohamed Boudiaf: En medio de la tormenta política

El 29 de junio de 1992, Mohamed Boudiaf, presidente de Argelia, fue asesinado mientras daba un discurso público en la ciudad de Annaba. Su asesinato ocurrió apenas seis meses después de haber asumido la presidencia, en un momento de gran agitación política y social en Argelia. Este magnicidio fue un reflejo de la crisis política que atravesaba el país, caracterizada por el auge del islamismo radical, las luchas internas dentro del poder militar y la creciente polarización entre sectores reformistas y conservadores. Para comprender el contexto del asesinato de Boudiaf, es necesario analizar la compleja situación política de Argelia en esa época, marcada por décadas de autoritarismo, tensiones sociales y una guerra civil inminente.

Desde su independencia de Francia en 1962, Argelia había sido gobernada por el Frente de Liberación Nacional (FLN), el partido político que había liderado la guerra de independencia. Durante tres décadas, el FLN mantuvo un régimen autoritario con un fuerte control del Estado sobre la economía y la sociedad. A pesar de haber logrado cierta estabilidad inicial, el régimen del

FLN fue erosionándose debido a la corrupción, el clientelismo y la falta de libertades democráticas, lo que generó descontento entre amplios sectores de la población, especialmente entre los jóvenes.

En la década de 1980, Argelia enfrentaba una crisis económica severa, exacerbada por la caída de los precios del petróleo, lo que llevó a un aumento del desempleo, la pobreza y la desigualdad. En este contexto, el islamismo político comenzó a ganar terreno como una alternativa al régimen laico y autoritario del FLN. El Frente Islámico de Salvación (FIS), fundado en 1989, se convirtió en la principal fuerza de oposición, ganando apoyo masivo entre las clases populares, que veían en el islamismo una forma de protesta contra la corrupción y la represión del gobierno.

En 1991, el FIS obtuvo una victoria aplastante en las elecciones legislativas, lo que alarmó al gobierno y al ejército. Ante la perspectiva de que un partido islamista tomara el control del país, el ejército argelino intervino y anuló los resultados electorales, lo que provocó un levantamiento violento por parte de los simpatizantes del FIS y desencadenó una guerra civil conocida como la Década Negra.

Mohamed Boudiaf fue uno de los fundadores del FLN y había jugado un papel clave en la lucha por la independencia de Argelia. Sin embargo, tras la independencia, fue marginado por sus compañeros revolucionarios y se exilió en Marruecos, donde vivió durante casi tres décadas, apartado de la política argelina.

En 1992, en un intento por salvar al país del colapso total, el ejército argelino decidió traer de vuelta a Boudiaf como una figura de consenso para liderar una transición política. Se formó un Alto Consejo de Estado, una junta militar que asumiría el poder tras la suspensión de las elecciones, y Boudiaf fue nombrado presidente de esta institución. Su misión era restaurar el orden y poner en marcha reformas políticas y económicas que calmaran el creciente descontento popular.

Boudiaf aceptó la misión con la esperanza de implementar reformas democráticas y erradicar la corrupción que había marcado al régimen del FLN. A su regreso, intentó desmantelar las viejas estructuras de poder y enfrentar a las facciones militares y políticas que controlaban el país. Sin embargo, su propuesta de cambio rápido y su desafío al poder establecido provocaron resistencias dentro del propio aparato militar y político.

El 29 de junio de 1992, mientras pronunciaba un discurso en un centro cultural en Annaba, Mohamed Boudiaf fue asesinado a tiros por uno de sus guardaespaldas, el teniente Lambarek Boumaarafi, un oficial de la Guardia Presidencial. El asesinato ocurrió frente a cámaras de televisión, lo que conmocionó al país y al mundo.

Las motivaciones del asesinato de Boudiaf han sido objeto de especulación y controversia desde entonces. Boumaarafi fue arrestado inmediatamente y afirmó que había actuado en solitario por razones personales. Sin embargo, muchos sostienen que el asesinato fue el resultado de una conspiración más amplia dentro de las fuerzas armadas y sectores del FLN que veían a Boudiaf como una amenaza para sus intereses. El hecho de que Boudiaf intentara reformar el sistema y enfrentara directamente a la corrupción y al poder militar hizo que se ganara enemigos tanto en el ejército como en el establishment político.

El asesinato de Boudiaf fue un reflejo de las profundas divisiones dentro de la sociedad y el Estado argelino. En ese momento, Argelia estaba sumida en una espiral de violencia que enfrentaba a islamistas y militares. El FIS, al que Boudiaf había intentado neutralizar políticamente, se había radicalizado tras la anulación de las elecciones y había comenzado a llevar a cabo ataques armados contra el gobierno.

Boudiaf, aunque regresó como un reformador, se enfrentaba a una situación sumamente frágil: los islamistas radicalizados por un lado y la cúpula militar corrupta por otro. Su intento de navegar entre estas dos fuerzas opuestas y reformar el sistema desde adentro se volvió insostenible. La incapacidad de consolidar una base política fuerte, junto con el rechazo de los sectores que controlaban el poder, condujo a su asesinato.

El magnicidio de Mohamed Boudiaf dejó un vacío de liderazgo en Argelia en un momento crítico. Su asesinato exacerbó aún más las tensiones y contribuyó a la intensificación del conflicto armado entre el gobierno y los islamistas. La Década Negra, que ya había comenzado antes de su asesinato, se intensificó, causando la muerte de más de 200,000 personas en una brutal guerra civil que duró hasta principios de la década de 2000.

El régimen militar que había orquestado la llegada de Boudiaf al poder se consolidó tras su muerte, y las reformas que él había intentado implementar quedaron en suspenso. Durante años, el gobierno militar continuó luchando contra las facciones islamistas en una guerra que devastó el país tanto en términos humanos como económicos.

A pesar de su breve mandato, Mohamed Boudiaf es recordado en Argelia como un líder que intentó cambiar el rumbo del país en uno de los momentos más oscuros de su historia. Su asesinato es visto como un recordatorio de las fuerzas que operan detrás del poder en Argelia y la dificultad de implementar cambios políticos profundos en un contexto de inestabilidad y violencia.

En la actualidad, Boudiaf es considerado por muchos argelinos como un mártir de la causa reformista y su figura ha sido rehabilitada en el discurso público, especialmente después de la brutalidad de la guerra civil y la posterior estabilización del país. Su asesinato, sin embargo, sigue siendo un tema de debate, y muchos aún cuestionan las circunstancias exactas que rodearon su muerte y los actores que estuvieron detrás del complot.

24. El atentado contra Juvénal Habyarimana: inicio del mayor genocidio africano

El 6 de abril de 1994, el presidente de Ruanda, Juvénal Habyarimana, fue asesinado cuando el avión en el que viajaba fue derribado cerca de Kigali, la capital del país. Este atentado no solo acabó con la vida del mandatario, sino que también fue el detonante de uno de los genocidios más brutales del siglo XX, donde aproximadamente 800,000 personas, en su mayoría de la etnia tutsi, fueron asesinadas en solo 100 días. Para entender las razones detrás del asesinato de Habyarimana y las consecuencias devastadoras que siguieron, es fundamental analizar el contexto político y social de Ruanda en ese momento, marcado por profundas divisiones étnicas, tensiones regionales y el colapso de un sistema autoritario.

Desde su independencia de Bélgica en 1962, Ruanda había estado marcada por un conflicto étnico entre la mayoría hutu y la minoría tutsi. Durante el periodo colonial, los belgas habían favorecido a los tutsis, otorgándoles posiciones de poder administrativo, lo que creó resentimiento entre los hutus. Tras la independencia, una serie de levantamientos y conflictos llevaron al establecimiento de un régimen dominado por los hutus, quienes desplazaron a los tutsis de las estructuras de poder y consolidaron su control sobre el Estado.

Juvénal Habyarimana, un oficial militar de la etnia hutu, llegó al poder en 1973 mediante un golpe de Estado, derrocando al entonces presidente Grégoire Kayibanda, también de la etnia hutu. Durante su gobierno, Habyarimana estableció un régimen autoritario bajo el Movimiento Republicano Nacional para la Democracia y el Desarrollo (MRND), que controlaba prácticamente todos los aspectos de la vida política en Ruanda. Su régimen favoreció a la etnia hutu, y los tutsis fueron marginados política y socialmente, mientras muchos de ellos se vieron obligados a huir a países vecinos, como Uganda, donde comenzaron a organizarse militarmente.

A lo largo de las dos décadas siguientes, Ruanda se mantuvo bajo un régimen de partido único, con un fuerte control sobre los medios de comunicación y las instituciones del Estado. Sin embargo, a medida que la economía del país se deterioraba y aumentaban las tensiones étnicas, el régimen de Habyarimana comenzó a enfrentar crecientes desafíos.

En el exilio, la comunidad tutsi fue formando el Frente Patriótico Ruandés (FPR), un grupo político-militar que tenía como objetivo derrocar al régimen hutu y asegurar el regreso de los refugiados tutsis a Ruanda. El FPR, liderado por Paul Kagame, lanzó su primera ofensiva contra el gobierno de Habyarimana en 1990 desde Uganda, desencadenando una guerra civil que duraría hasta 1994. La invasión del FPR exacerbó las tensiones étnicas y llevó al régimen de Habyarimana a reforzar su control y a intensificar la propaganda contra los tutsis, retratándolos como una amenaza existencial para la nación.

El gobierno de Habyarimana, con el apoyo de sectores radicales hutus conocidos como Hutu Power, comenzó a armar y entrenar milicias paramilitares, como los Interahamwe, que serían responsables de muchos de los crímenes cometidos durante el genocidio. Al mismo tiempo, las negociaciones de paz entre el gobierno y el FPR, impulsadas por la presión internacional, condujeron a la firma de los Acuerdos de Arusha en 1993, que preveían el establecimiento de un gobierno de transición que incluiría tanto a hutus como a tutsis.

Sin embargo, los sectores más radicales del gobierno hutu veían los Acuerdos de Arusha como una traición, y temían que el regreso de los tutsis al poder pusiera en peligro su control sobre el Estado. Estas tensiones políticas y étnicas, combinadas con la desconfianza hacia los procesos de paz, crearon un clima de miedo y odio, preparando el terreno para la violencia masiva que estallaría en 1994.

La noche del 6 de abril de 1994, el avión en el que viajaban Juvénal Habyarimana y el presidente de Burundi, Cýprien Ntaryamira, fue derribado por misiles cerca del aeropuerto de Kigali. Ambos presidentes regresaban de una cumbre en Tanzania donde habían discutido la implementación de los Acuerdos de Arusha. La autoría del atentado sigue siendo un tema de controversia hasta hoy.

Algunos señalan al Frente Patriótico Ruandés (FPR) como el responsable, argumentando que el FPR tenía interés en eliminar a Habyarimana para acelerar su victoria militar y consolidar el poder. Sin embargo, otros investigadores y expertos sostienen que fueron los extremistas hutus quienes derribaron el avión, buscando provocar una crisis que les permitiera tomar el control absoluto del gobierno y llevar a cabo la matanza planificada de los tutsis. Esta teoría se basa en el hecho de que las milicias hutus ya estaban preparadas para actuar en el momento del atentado, lo que sugiere una planificación previa.

El asesinato de Habyarimana fue la chispa que encendió una ola de violencia brutal. En cuestión de horas, las milicias Interahamwe, con el apoyo del ejército y la policía, comenzaron a atacar a la población tutsi y a hutus moderados que se oponían al extremismo. Durante los siguientes tres meses, Ruanda fue escenario de un genocidio sistemático, en el que hombres, mujeres y niños tutsis fueron asesinados en sus hogares, escuelas e iglesias. La violencia no se limitó a ejecuciones con armas de fuego; muchos de los asesinatos fueron cometidos con machetes y otras armas rudimentarias, lo que reflejó el nivel de odio y deshumanización que había sido cultivado durante años de propaganda anti-tutsi.

Mientras tanto, el Frente Patriótico Ruandés (FPR) continuó avanzando militarmente y logró tomar el control de Kigali en julio de 1994, poniendo fin al genocidio. Paul Kagame, el líder del FPR, asumió el poder en Ruanda y se estableció un nuevo gobierno, aunque el país quedó devastado tanto física como socialmente.

El atentado contra Juvénal Habyarimana es recordado como el catalizador de uno de los episodios más oscuros de la historia contemporánea. La violencia que siguió al asesinato desató una catástrofe humanitaria de proporciones épicas y dejó una huella profunda en la memoria colectiva de Ruanda y del mundo. La comunidad internacional fue criticada por su inacción durante el genocidio, ya que las fuerzas de la ONU en Ruanda fueron incapaces de detener la violencia.

Desde entonces, Ruanda ha intentado reconstruirse bajo el liderazgo de Paul Kagame, quien ha sido alabado por algunos por su papel en la estabilización del país, aunque su gobierno también ha sido criticado por su autoritarismo y la falta de libertades políticas. Las cicatrices del genocidio siguen presentes en la sociedad ruandesa, y el país continúa lidiando con las secuelas del trauma colectivo, la búsqueda de justicia y la reconciliación entre hutus y tutsis.

25.   El atentado contra Yitzhak Rabin: Cuando el odio y la intolerancia se respira en el aire.

El asesinato de Yitzhak Rabin el 4 de noviembre de 1995 marcó un punto de inflexión en la historia política de Israel y las complejas dinámicas del conflicto árabe-israelí. Rabin, entonces primer ministro de Israel, fue abatido a tiros por Yigal Amir, un extremista judío opuesto a los Acuerdos de Oslo, en un atentado que impactó profundamente tanto a la sociedad israelí como a la comunidad internacional.

Yitzhak Rabin, un general convertido en estadista, desempeñó un papel clave en el establecimiento de Israel y en su defensa en múltiples guerras. Sin embargo, fue su visión pragmática para la paz lo que lo llevó a buscar un acuerdo con los palestinos, un cambio que fue visto por muchos como una traición a los principios sionistas tradicionales.

En 1993, Rabin firmó los Acuerdos de Oslo con el líder palestino Yasser Arafat, en un esfuerzo por poner fin al conflicto palestino-israelí. Estos acuerdos representaron el primer intento serio de crear un marco para la coexistencia entre Israel y un futuro Estado palestino. Incluían el reconocimiento mutuo entre la Organización para la Liberación de Palestina (OLP) e Israel, así como el establecimiento de un autogobierno palestino en la Franja de Gaza y partes de Cisjordania, territorios que Israel había ocupado desde la Guerra de los Seis Días en 1967.

Aunque los Acuerdos de Oslo fueron recibidos con esperanza por muchos israelíes y la comunidad internacional, también generaron una fuerte oposición en sectores conservadores y de la derecha israelí. Muchos veían cualquier concesión territorial como una amenaza existencial para la seguridad del Estado judío. Los colonos judíos en los territorios ocupados, en particular, se sentían traicionados por el gobierno de Rabin, ya que los acuerdos implicaban la posibilidad de desmantelar asentamientos y ceder control sobre partes de lo que consideraban "tierra prometida".

A medida que avanzaba el proceso de paz, la sociedad israelí se polarizaba cada vez más. Los sectores de derecha, liderados por el partido Likud y figuras como Benjamin Netanyahu, denunciaban los Acuerdos de Oslo como una entrega de la seguridad de Israel a sus enemigos. Se llevaron a cabo manifestaciones masivas en contra del proceso de paz, algunas de ellas con un tono abiertamente violento y retórico inflamatorio.

Grupos religiosos y ultranacionalistas, que creían firmemente en la reivindicación del "Gran Israel", vieron en Rabin a un traidor que ponía en peligro la supervivencia de Israel al hacer concesiones a los palestinos. Esta retórica fue alimentada por líderes de la oposición política y figuras religiosas que atacaban constantemente a Rabin en discursos públicos y los medios de comunicación. Se celebraron manifestaciones en las que se le comparaba con dictadores como Hitler, y circulaban imágenes de Rabin con uniforme nazi. Este nivel de demonización contribuyó a un clima de odio y violencia verbal que, a la larga, tendría consecuencias mortales.

El 4 de noviembre de 1995, Yitzhak Rabin participaba en una manifestación en Tel Aviv a favor de la paz, que había reunido a decenas de miles de personas bajo el lema "Sí a la paz, no a la violencia". Al final de la manifestación, mientras Rabin se retiraba del escenario, fue asesinado a quemarropa por Yigal Amir, un estudiante de derecho de 25 años que se oponía ferozmente a los Acuerdos de Oslo y que actuó en solitario.

Amir, que pertenecía al movimiento religioso sionista, creía que los Acuerdos de Oslo eran una traición a los principios fundamentales del judaísmo y que Rabin, al firmarlos, había violado la ley religiosa judía. Amir se justificó invocando el concepto de din rodef, una interpretación religiosa que, en casos extremos, permite matar a alguien que está poniendo en peligro la vida de otros judíos. En su mente, Rabin estaba condenando a muerte a los colonos y ciudadanos israelíes al ceder tierras a los palestinos.

El asesinato conmocionó a la nación. Rabin fue trasladado de urgencia al hospital, pero murió poco después a causa de las heridas. La bala que acabó con su vida no solo truncó el liderazgo de un hombre comprometido con la paz, sino que también representó un duro golpe para el proceso de paz, que nunca se recuperó del todo tras su muerte.

La muerte de Yitzhak Rabin fue un trauma nacional para Israel. Decenas de miles de israelíes acudieron a su funeral, y líderes mundiales, incluyendo el presidente estadounidense Bill Clinton, viajaron para rendir homenaje a un hombre que había trabajado incansablemente para lograr la paz en una región marcada por décadas de conflicto. En Israel, el asesinato fue percibido como un símbolo de las profundas divisiones dentro de la sociedad, y la clase política se vio obligada a reflexionar sobre el nivel de polarización que había permitido que tal violencia tuviera lugar.

El asesinato de Rabin desató una oleada de condena contra los extremistas que fomentaban el odio y la violencia. Muchos señalaron que el discurso violento y la retórica extremista que dominaba el ambiente político habían jugado un papel crucial en la creación de un entorno en el que un joven fanático religioso se sintió justificado para asesinar al primer ministro. Sin embargo, también hubo sectores que vieron en Amir a un héroe que había evitado, con su acción, que Israel hiciera concesiones inaceptables en su lucha por la seguridad.

El asesinato de Rabin también tuvo un profundo impacto en el proceso de paz. Tras su muerte, su sucesor, Shimon Peres, continuó con los esfuerzos de paz, pero el proceso se estancó rápidamente debido a nuevos episodios de violencia, incluyendo atentados suicidas por parte de grupos palestinos como Hamas. En las elecciones de 1996, Benjamin Netanyahu, líder del Likud y feroz opositor de los Acuerdos de Oslo, ganó las elecciones, lo que marcó el fin del impulso hacia un acuerdo de paz en los términos planteados por Rabin.

Hoy, el asesinato de Yitzhak Rabin sigue siendo recordado como un momento crítico en la historia de Israel. Cada año, se celebra un día de conmemoración en su honor, donde se reflexiona sobre su legado y el impacto de su asesinato en la política israelí. Aunque el proceso de paz nunca volvió a alcanzar el nivel de progreso que había logrado durante el mandato de Rabin, su compromiso con una solución de dos Estados y la reconciliación con los palestinos sigue siendo un punto de referencia en el debate sobre el futuro de Israel.

El asesinato de Rabin fue un recordatorio devastador de las consecuencias de la polarización política y el extremismo, y su legado sigue siendo una advertencia sobre los peligros de permitir que el odio y la intolerancia prevalezcan en el discurso público.

26. El atentado contra Zoran Đinđić: La lucha contra el crimen organizado y la corrupción

El asesinato de Zoran Đinđić, primer ministro de Serbia, el 12 de marzo de 2003, sacudió profundamente al país y fue un reflejo de las tensiones políticas y sociales que aún persistían tras la caída del régimen de Slobodan Milošević. Đinđić era una figura clave en el proceso de democratización de Serbia y en su reintegración en la comunidad internacional tras los conflictos de los años 90 en los Balcanes. Sin embargo, sus esfuerzos por reformar el país y confrontar a las estructuras de poder corruptas y criminales que habían surgido durante la guerra lo convirtieron en un blanco para aquellos que temían perder su posición e influencia.

Zoran Đinđić fue un actor clave en el movimiento democrático que puso fin a la era de Slobodan Milošević, el líder autoritario que había dominado la política serbia durante más de una década. En 2000, Milošević fue derrocado tras una serie de protestas masivas conocidas como la Revolución Bulldozer, liderada en parte por Đinđić y su partido, el Partido Demócrata. Este evento marcó el fin de un régimen que había conducido a Serbia a una serie de conflictos devastadores, sanciones internacionales y aislamiento diplomático.

Una vez en el poder, Đinđić se propuso implementar una serie de reformas políticas, económicas y judiciales con el objetivo de modernizar Serbia y transformarla en un estado democrático, funcional y con una economía de mercado. También fue uno de los primeros líderes serbios en reconocer la necesidad de una reconciliación con la comunidad internacional y, en particular, con los países de Europa Occidental, algo que Milošević había rechazado vehementemente.

No obstante, estas reformas encontraron resistencia en varios sectores del país. Las estructuras de poder que se habían fortalecido durante la guerra, incluyendo elementos del ejército, la policía y los servicios de seguridad, no estaban dispuestas a perder su influencia. Estas instituciones estaban profundamente interrelacionadas con redes criminales que prosperaron durante la década de los 90 a través del contrabando, el tráfico de armas y las actividades paramilitares.

Uno de los mayores desafíos de Đinđić fue su lucha contra el crimen organizado y la corrupción, que había penetrado en los niveles más altos del Estado. Tras la caída de Milošević, se hizo evidente que muchas de las figuras poderosas en Serbia habían construido fortunas y redes de poder a través de actividades ilícitas, y cualquier intento de reforma iba a encontrarse con una feroz oposición de estos sectores.

Đinđić tomó medidas decisivas para debilitar estas redes, incluyendo el arresto de figuras clave del antiguo régimen y la extradición de Slobodan Milošević al Tribunal Penal Internacional para la ex-Yugoslavia en La Haya en 2001. Esta extradición fue particularmente controvertida y causó indignación entre los sectores nacionalistas y los aliados de Milošević, quienes veían a Đinđić como un traidor que estaba entregando a sus compatriotas a manos extranjeras.

Además, Đinđić impulsó una serie de reformas judiciales para atacar a las bandas criminales que controlaban gran parte de la economía y la seguridad en Serbia. Estas medidas incluyeron la creación de unidades especiales de policía y el fortalecimiento de los tribunales para procesar a los líderes del crimen organizado. Esto lo convirtió en un enemigo directo de poderosos grupos mafiosos que habían prosperado durante el caos de los años de guerra.

Uno de los grupos más poderosos y temidos durante la guerra de los Balcanes fue el de los "Tigres de Arkan", una unidad paramilitar fundada por Željko Ražnatović, conocido como Arkan. Este grupo estaba vinculado a numerosos crímenes de guerra y se había beneficiado enormemente de las actividades delictivas durante los conflictos de los años 90. Aunque Arkan fue asesinado en 2000, sus redes criminales seguían activas, y muchos de sus miembros pasaron a formar parte de las fuerzas de seguridad y del crimen organizado tras la guerra.

En particular, el grupo criminal "Unidad de Operaciones Especiales" (Jedinica za specijalne operacije, JSO), conocida como los "Berets Rojos", era una unidad paramilitar que había participado en operaciones militares durante la guerra y que posteriormente se involucró en actividades criminales. Esta unidad estaba profundamente involucrada en el contrabando y el tráfico de drogas, y muchos de sus miembros veían las reformas de Đinđić como una amenaza a su poder e influencia.

El 12 de marzo de 2003, mientras se dirigía a una reunión en el edificio del gobierno en Belgrado, Zoran

Đinđić fue abatido por un francotirador. El asesino, Zvezdan Jovanović, miembro de la JSO, disparó desde un edificio cercano, matando al primer ministro de inmediato. Jovanović más tarde declaró que había cometido el asesinato debido a que consideraba a Đinđić un traidor a los intereses de Serbia y que su gobierno estaba entregando al país a potencias extranjeras.

El atentado no fue un acto aislado, sino parte de una conspiración más amplia dentro de los círculos del crimen organizado y antiguos miembros del aparato de seguridad que habían prosperado durante el régimen de Milošević. Estos sectores veían en Đinđić un obstáculo para mantener su poder y control sobre las instituciones del estado, y su asesinato fue un intento de proteger sus intereses.

El asesinato de Zoran Đinđić desató una ola de conmoción en Serbia. Miles de personas salieron a las calles para rendir homenaje a un líder que, a pesar de las críticas que había recibido por sus políticas, representaba la esperanza de una Serbia moderna y democrática. La muerte de Đinđić simbolizó el gran desafío que representaba la transformación de un país devastado por años de guerra y corrupción.

Tras el asesinato, el gobierno serbio lanzó la Operación Sable, una campaña masiva contra el crimen organizado que resultó en cientos de arrestos, incluidas figuras prominentes del crimen y miembros del antiguo aparato de seguridad. Aunque la operación fue un éxito en términos de desmantelar parte de las redes criminales, el legado de Đinđić como reformador quedó truncado.

En los años posteriores a su muerte, Serbia ha continuado luchando por encontrar un equilibrio entre su pasado turbulento y su futuro como parte de Europa. El asesinato de Đinđić sigue siendo un recordatorio de los peligros que enfrentan aquellos que buscan reformar sociedades profundamente divididas, y de las fuerzas que se resisten al cambio en defensa de intereses establecidos.

Hoy, Zoran Đinđić es recordado como un líder visionario que intentó guiar a Serbia hacia una nueva era de democracia, modernidad y paz. Su asesinato subrayó la profunda resistencia que enfrentó al intentar desmantelar las estructuras criminales y autoritarias que habían florecido bajo el régimen de Milošević. A pesar de su trágica muerte, su legado sigue vivo en la memoria colectiva de Serbia y su esfuerzo por integrar al país en la comunidad europea es un camino que sigue siendo relevante en la política serbia actual.

27. El atentado contra Mahmoud Ahmadinejad: Tensiones étnicas y regionales. El problema Ahvazi

El 4 de agosto de 2005, Mahmoud Ahmadinejad, quien recientemente había asumido la presidencia de Irán, fue objeto de un atentado durante una visita a la ciudad de Ahvaz, en el suroeste del país. Este ataque no tuvo éxito en su objetivo de asesinar al presidente, pero fue un reflejo de las tensiones internas que marcaban la política iraní en ese momento, así como de los problemas relacionados con la identidad étnica y los conflictos regionales. Ahmadinejad, un líder ultraconservador, enfrentaba no solo el desafío de gobernar un país con profundas divisiones internas, sino también la presión de las tensiones geopolíticas internacionales.

Mahmoud Ahmadinejad fue elegido presidente de Irán en junio de 2005 tras una campaña que lo presentaba como un defensor de los valores revolucionarios islámicos y como un hombre del pueblo, en contraste con los tecnócratas moderados que habían gobernado Irán en las décadas anteriores. Su victoria representó un retorno a los principios más conservadores de la Revolución Islámica de 1979, lo que generó preocupaciones tanto dentro como fuera del país.

Ahmadinejad era un ferviente defensor de la teocracia iraní y del liderazgo supremo del ayatolá Ali Khamenei. Su postura antioccidental y su retórica beligerante, especialmente contra Israel y Estados Unidos, comenzaron a generar tensiones internacionales poco después de asumir la presidencia. Dentro de Irán, sin embargo, Ahmadinejad también enfrentaba una creciente división entre las élites políticas: por un lado, los conservadores radicales que apoyaban su visión teocrática del país, y por el otro, los reformistas que buscaban una mayor apertura y modernización de la economía y la sociedad iraní.

El atentado contra Ahmadinejad ocurrió en Ahvaz, una ciudad en la provincia de Juzestán, cerca de la frontera con Irak. Esta región es rica en petróleo, lo que la convierte en una parte estratégica del país, pero también es una zona de tensiones étnicas, ya que gran parte de la población es de origen árabe, una minoría en Irán. A lo largo de los años, la población árabe de Juzestán había expresado descontento con las políticas del gobierno central, alegando discriminación y marginalización económica. Estas tensiones se exacerbaron con la represión política y la falta de representación adecuada en el gobierno.

El descontento en Ahvaz y sus alrededores no era nuevo. En 2005, una serie de explosiones y atentados en la región, atribuidos a separatistas árabes, habían puesto de manifiesto las tensiones étnicas en el área. Los árabes iraníes, que representan una pequeña minoría en el país, habían sufrido durante años bajo políticas que consideraban discriminatorias y habían intentado, en varias ocasiones, obtener mayor autonomía. Estos movimientos separatistas, aunque no generalizados, se habían convertido en una fuente de inestabilidad en una región clave para la economía iraní debido a sus importantes reservas de petróleo.

El atentado en cuestión ocurrió cuando un convoy que acompañaba a Ahmadinejad fue atacado en Ahvaz. Aunque los detalles exactos del incidente fueron poco claros, se informó que una granada fue lanzada hacia el convoy presidencial, lo que causó la muerte de una persona e hirió a otras dos. Ahmadinejad salió ileso del ataque. El gobierno iraní se apresuró a restar importancia al incidente y sugirió que el atentado había sido un intento de sabotaje por parte de los opositores al gobierno o elementos separatistas de la región.

Este atentado reflejó las dificultades a las que se enfrentaba Ahmadinejad en su intento de mantener el control sobre un país que no solo estaba dividido políticamente, sino que también tenía profundas divisiones étnicas y regionales. El descontento en Ahvaz era solo una de las muchas fuentes de inestabilidad interna que marcarían su mandato.

El ataque fue rápidamente atribuido a separatistas árabes en la región de Juzestán, aunque algunos especularon que también podría haber sido obra de facciones políticas rivales dentro del propio Irán. En un país como Irán, donde las tensiones entre los distintos grupos políticos a menudo han llevado a la violencia, no era imposible que los enemigos políticos de Ahmadinejad, tanto entre los reformistas como entre los conservadores más pragmáticos, pudieran estar involucrados.

El régimen iraní utilizó el ataque para justificar la represión adicional en la región de Juzestán y en otras áreas con poblaciones minoritarias, lo que a su vez exacerbó las tensiones. Además, el incidente aumentó la percepción de que el país estaba bajo amenaza constante, lo que fortaleció la posición de Ahmadinejad entre sus partidarios más conservadores, quienes veían en él un líder fuerte y dispuesto a enfrentar los desafíos internos y externos.

El atentado contra Ahmadinejad ocurrió en un momento en el que las tensiones entre Irán y Occidente estaban aumentando rápidamente. Su elección como presidente marcó un cambio hacia una política exterior más confrontativa, particularmente en relación con el programa nuclear iraní. Ahmadinejad adoptó una postura desafiante frente a las demandas de Estados Unidos y Europa de que Irán detuviera su enriquecimiento de uranio, lo que lo convirtió en una figura controvertida en la política internacional.

Además, su retórica incendiaria contra Israel y su negación del Holocausto en discursos públicos atrajeron la condena internacional y contribuyeron a aislar aún más a Irán. Dentro del país, esta postura fortaleció a Ahmadinejad entre los sectores más radicales del establishment iraní, quienes veían en él un defensor de la soberanía y los intereses nacionales frente a las potencias extranjeras.

28. Los atentados contra Fidel Castro: Contexto político y social detrás de los múltiples intentos de asesinato

Fidel Castro, el líder revolucionario cubano que gobernó la isla desde 1959 hasta 2008, sobrevivió a innumerables intentos de asesinato a lo largo de su vida, muchos de los cuales fueron orquestados por la CIA, organizaciones anticastristas y disidentes políticos. Aunque los números exactos varían, se estima que más de 600 intentos fueron realizados contra su vida, lo que lo convierte en uno de los mandatarios más atacados en la historia moderna. Los motivos detrás de estos atentados estaban profundamente enraizados en el contexto político, social y geopolítico que rodeaba a Cuba durante la Guerra Fría.

Fidel Castro llegó al poder en Cuba tras liderar la Revolución Cubana que derrocó al dictador Fulgencio

Batista en 1959. El nuevo gobierno revolucionario, que prometía justicia social, igualdad y la erradicación del imperialismo, rápidamente nacionalizó las principales industrias y expropió propiedades privadas, muchas de las cuales pertenecían a empresarios y compañías estadounidenses. Esto desató una serie de conflictos con Estados Unidos, que hasta ese momento había mantenido un control económico y político considerable sobre la isla.

El deterioro de las relaciones entre Cuba y Estados Unidos fue inmediato. En 1961, la fallida invasión de Bahía de Cochinos, organizada por la CIA y ejecutada por exiliados cubanos, marcó un punto de no retorno en las tensiones entre ambos países. Esta invasión, y el creciente apoyo de Castro a la Unión Soviética, consolidaron a Cuba como un punto clave en la pugna ideológica de la Guerra Fría. En este contexto, eliminar a Fidel Castro se convirtió en una prioridad estratégica para el gobierno estadounidense, que lo veía como una amenaza directa a su influencia en el hemisferio occidental.

El conflicto entre Estados Unidos y Cuba se intensificó rápidamente, y la CIA, junto con grupos de exiliados cubanos, comenzó a planificar diversos métodos para asesinar a Fidel Castro. A lo largo de las décadas de 1960 y 1970, los intentos de asesinato contra Castro fueron tan numerosos como variados. Desde explosivos ocultos en cigarrillos, pastillas venenosas, trajes de buceo infectados con hongos, hasta ataques con francotiradores, los métodos utilizados en los intentos reflejaban la obsesión de Estados Unidos por eliminarlo.

Uno de los intentos más famosos fue la Operación Mongoose, un plan secreto implementado bajo la administración de John F. Kennedy en 1961 tras el fracaso de Bahía de Cochinos. Este programa incluía sabotajes económicos, desestabilización política y, por supuesto, el asesinato de Castro. La CIA trabajó en estrecha colaboración con la mafia cubano-estadounidense y exiliados para llevar a cabo estos planes, pero ninguno tuvo éxito.

Castro, sin embargo, era consciente de los esfuerzos de la CIA para eliminarlo. En muchos discursos públicos, Castro se burlaba de los intentos fallidos y cultivaba una imagen de invulnerabilidad, lo que solo aumentaba su prestigio entre sus seguidores y aliados, tanto dentro como fuera de Cuba.

Los intentos de asesinato contra Castro no solo vinieron desde fuera de Cuba, sino también desde dentro, con la colaboración de grupos anticastristas. Estos grupos, compuestos por disidentes y exiliados, eran apoyados y financiados en muchos casos por Estados Unidos y otros países que veían en ellos la esperanza de un cambio de régimen en la isla.

Dentro de Cuba, estos movimientos de oposición contrarrevolucionaria tenían una presencia limitada, pero significativa. Desde su llegada al poder, Castro había implementado una serie de medidas represivas para consolidar su control sobre el país. La purga de disidentes, la censura de la prensa, y el control total del aparato estatal le permitieron minimizar la influencia de sus enemigos internos, pero la amenaza seguía latente. Varios intentos de asesinato fueron orquestados por figuras dentro del mismo círculo revolucionario, pero las estrictas medidas de seguridad y la estructura jerárquica del gobierno hicieron difícil que estos intentos progresaran.

Durante gran parte de su mandato, Castro contó con el apoyo de la Unión Soviética, que veía en él un aliado crucial en el continente americano. La alianza entre la URSS y Cuba fue una fuente constante de tensiones entre el bloque occidental y el comunista. Tras la crisis de los misiles en 1962, cuando el mundo estuvo al borde de una guerra nuclear debido a la presencia de misiles soviéticos en Cuba, la figura de Castro se consolidó como un ícono de la resistencia frente a Estados Unidos.

La Unión Soviética, a través de sus servicios de inteligencia, jugó un papel importante en la protección de Castro. Con el KGB colaborando con las agencias de seguridad cubanas, Fidel Castro fue uno de los líderes más vigilados del mundo. El sistema de inteligencia cubano se volvió extremadamente eficiente en neutralizar amenazas y anticipar atentados, lo que contribuyó a la supervivencia de Castro frente a tantos intentos de asesinato.

Irónicamente, los continuos intentos de asesinato contra Fidel Castro reforzaron su imagen tanto dentro como fuera de Cuba. Para sus seguidores, tanto en la isla como en otros países, Castro representaba la resistencia contra el imperialismo y la intervención extranjera. Los intentos fallidos de eliminarlo solo sirvieron para consolidar su reputación como un líder imbatible. En sus discursos, Castro a menudo se burlaba de la incapacidad de Estados Unidos para matarlo, aumentando aún más su estatus de "leyenda" dentro del movimiento revolucionario.

A nivel internacional, Castro se convirtió en una figura de inspiración para otros movimientos de izquierda en América Latina y otras partes del mundo, que veían en su supervivencia una prueba de la capacidad de los pueblos oprimidos para resistir al poder imperialista. Por eso, aunque ninguno de estos intentos tuvo éxito, cada uno de ellos formó parte del legado de un líder que, a pesar de los esfuerzos por eliminarlo, permaneció en el poder durante casi cinco décadas, convirtiéndose en una de las figuras más longevas y polarizadoras de la historia política del siglo XX.

29. El atentado contra Benazir Bhutto: Tensiones políticas, extremismo religioso y lucha por la democracia

El asesinato de Benazir Bhutto el 27 de diciembre de 2007 marcó un momento clave en la historia de Pakistán, un país envuelto en tensiones políticas, extremismo religioso y lucha por la democracia. Bhutto, la primera mujer en liderar un país musulmán, fue un símbolo de esperanza para millones de pakistaníes. Su muerte, resultado de un atentado suicida durante un mitin electoral en Rawalpindi, conmocionó al mundo y dejó un vacío en la política pakistaní. Este trágico evento no solo fue un ataque personal contra Bhutto, sino también un reflejo del caos y las divisiones profundas que definían a Pakistán en ese momento.

Benazir Bhutto provenía de una influyente familia política. Su padre, Zulfikar Ali Bhutto, fue primer ministro y presidente de Pakistán, y ella misma ocupó el cargo de primera ministra en dos ocasiones, de 1988 a 1990 y de 1993 a 1996. Sin embargo, ambos mandatos terminaron abruptamente debido a acusaciones de corrupción y su exilio forzado. Durante este tiempo, Pakistán fue testigo de un creciente control militar, bajo líderes como el general Pervez Musharraf, quien tomó el poder tras un golpe de Estado en 1999.

En 2007, Benazir Bhutto regresó a Pakistán después de varios años en el exilio, como parte de un acuerdo entre ella y el régimen de Musharraf, mediado por Estados Unidos y el Reino Unido. Este acuerdo buscaba estabilizar el país en medio de crecientes amenazas de grupos islamistas radicales, tensiones sectarias y la presión internacional para restaurar la democracia. Musharraf, bajo presión tanto interna como externa, permitió el regreso de Bhutto con la esperanza de que su presencia calmara la situación política y diera un barniz de legitimidad a las elecciones programadas para enero de 2008.

El regreso de Bhutto fue, no obstante, extremadamente controvertido. Mientras que muchos la veían como una fuerza para el cambio y la modernización, otros sectores del país, incluidos extremistas islámicos y figuras dentro del gobierno la percibían como una amenaza. Su estilo pro-occidental y su postura a favor de la lucha contra el extremismo radical atrajo la ira de grupos como los talibanes y Al-Qaeda, que veían su regreso como un intento occidental de imponer una agenda extranjera en Pakistán.

Uno de los factores más importantes detrás del asesinato de Benazir Bhutto fue el creciente extremismo religioso en Pakistán. A lo largo de las décadas de 1990 y 2000, Pakistán se había convertido en un epicentro de grupos islamistas radicales. Los talibanes, que controlaban partes significativas de Afganistán, mantenían estrechos lazos con grupos militantes en Pakistán, como Lashkar-e-Taiba y Jaish-e-Mohammed. Estos grupos encontraron refugio en las áreas tribales de Pakistán y fueron apoyados por sectores del aparato militar y de inteligencia pakistaní.

Tras los ataques del 11 de septiembre de 2001 y la invasión de Afganistán por parte de Estados Unidos, la situación en Pakistán se deterioró aún más. El gobierno de Musharraf, bajo presión de Estados Unidos, comenzó a tomar medidas contra algunos de estos grupos, aunque de manera inconsistente. Esto llevó a una radicalización aún mayor de los militantes islamistas, quienes veían al gobierno de Musharraf y a políticos como Bhutto como traidores que colaboraban con Occidente en la llamada "guerra contra el terrorismo".

Benazir Bhutto, en particular, fue vista como una amenaza directa por estos grupos. En varios discursos, Bhutto había prometido tomar medidas severas contra los militantes islamistas y reformar las áreas tribales, lo que la convirtió en un objetivo prioritario para los talibanes y otros extremistas. Además, su postura a favor de los derechos de las mujeres y la democracia la hizo impopular entre los sectores más conservadores de la sociedad pakistaní, que rechazaban su agenda modernizadora.

El asesinato de Bhutto se produjo en medio de un clima de creciente violencia política en Pakistán. Las elecciones de 2008 estaban programadas para ser un momento decisivo para el país, ya que se esperaba que marcaran el fin de la dictadura militar de Musharraf y el retorno a la democracia. Sin embargo, el país estaba sumido en el caos. Los ataques suicidas, los enfrentamientos sectarios y las operaciones militares en las áreas tribales aumentaron el temor a que las elecciones fueran interrumpidas por la violencia.

El atentado que mató a Bhutto no fue el primer intento de acabar con su vida. El 18 de octubre de 2007, solo horas después de su regreso triunfal a Pakistán, un ataque suicida en Karachi durante una caravana que la acompañaba mató a más de 130 personas. Aunque Bhutto salió ilesa de ese atentado, el ataque fue una clara señal de que su vida corría peligro. Sin embargo, a pesar de los riesgos, Bhutto continuó su campaña electoral, declarando que no se dejaría intimidar por el terrorismo.

La creciente inestabilidad política en Pakistán, la fragilidad del gobierno de Musharraf, y las divisiones dentro de las fuerzas de seguridad crearon un caldo de cultivo perfecto para el atentado final. Bhutto fue asesinada mientras salía de un mitin en Rawalpindi, cuando un atacante suicida disparó contra ella y luego detonó una bomba, matando a más de 20 personas en el proceso. Su muerte fue un golpe devastador para el país y sumió a Pakistán en una crisis aún mayor.

El asesinato de Benazir Bhutto tuvo profundas repercusiones tanto en Pakistán como en el ámbito internacional. Su muerte dejó a su partido, el Partido Popular de Pakistán (PPP), sin su líder más carismática y generó una ola de protestas y disturbios en todo el país. A nivel internacional, su asesinato fue condenado por líderes mundiales, quienes vieron el ataque como un acto de terrorismo dirigido a desestabilizar a Pakistán y evitar su transición hacia la democracia.

En Pakistán, el asesinato de Bhutto no solo exacerbó las tensiones políticas, sino que también profundizó las divisiones sociales y religiosas. El país se encontraba en una encrucijada, con el aumento del poder de los extremistas islamistas y la lucha por el control de las instituciones del Estado. Musharraf, debilitado por la creciente oposición política y la presión internacional, finalmente renunció en 2008.

La muerte de Bhutto también simbolizó el fracaso de la transición democrática en Pakistán y subrayó el peligro continuo que enfrentan los líderes políticos en el país. A pesar de su trágico fin, Benazir Bhutto sigue siendo recordada como una figura icónica en la lucha por la democracia en el mundo musulmán. Su legado sigue vivo en la política pakistaní, donde su familia, incluido su hijo Bilawal Bhutto Zardari, ha tratado de mantener su visión de un Pakistán democrático y moderno.

30.   El atentado y asesinato de Muamar Gadafi: El final del dictador más longevo de África

El 20 de octubre de 2011 marcó el final de uno de los dictadores más represivos de África: Muamar Gadafi. Tras más de 40 años en el poder, el líder libio fue capturado y asesinado en las calles de Sirte por fuerzas rebeldes, culminando un período de intensos conflictos civiles que derivaron en la caída de su régimen. Este hecho no solo marcó el fin de una era en Libia, sino que también dejó profundas repercusiones en la región y a nivel mundial.

Muamar Gadafi asumió el poder en Libia en 1969 tras un golpe militar que derrocó al rey Idris. Durante su mandato, Libia se convirtió en un estado autocrático bajo su control personal. Aunque impulsó reformas sociales y económicas, el régimen de Gadafi también se destacó por la represión brutal de la disidencia, la corrupción y su manejo arbitrario del poder. En los años previos a su caída, Libia comenzó a experimentar tensiones internas crecientes, derivadas del descontento popular por la falta de libertades políticas y económicas.

El levantamiento que llevaría al colapso del régimen de Gadafi se enmarcó en el contexto de la Primavera Árabe, un conjunto de protestas que en 2011 sacudieron varios países de Oriente Medio y el norte de África. Inspirados por los movimientos que habían derrocado a los líderes de Túnez y Egipto, los libios comenzaron a manifestarse en febrero de 2011. Las protestas, inicialmente pacíficas, fueron reprimidas violentamente por las fuerzas de Gadafi, lo que escaló rápidamente en una guerra civil.

El enfrentamiento entre los rebeldes y las fuerzas leales a Gadafi atrajo la atención de la comunidad internacional. Ante las atrocidades cometidas por el régimen, el Consejo de Seguridad de las Naciones Unidas aprobó la Resolución 1973 en marzo de 2011, que autorizaba el uso de la fuerza para proteger a la población civil. La intervención de la OTAN fue clave en el desarrollo del conflicto, ya que mediante ataques aéreos debilitó significativamente al ejército de Gadafi, que había logrado mantener su control sobre Trípoli y otras áreas estratégicas del país.

El gobierno de Gadafi, que en algún momento parecía inamovible, comenzó a desmoronarse cuando los rebeldes, con el apoyo de la OTAN, avanzaron hacia la capital. En agosto de 2011, Trípoli cayó en manos de los insurgentes, y Gadafi fue forzado a huir a su ciudad natal, Sirte, donde continuó resistiendo hasta octubre.

El 20 de octubre de 2011, las fuerzas rebeldes lograron cercar y capturar a Muamar Gadafi en las afueras de Sirte. Según los informes, su convoy fue atacado por un bombardeo de la OTAN, lo que forzó al líder libio a refugiarse en una alcantarilla junto con algunos de sus guardaespaldas. Poco después, fue capturado por combatientes rebeldes. Las imágenes de Gadafi siendo maltratado y asesinado brutalmente por sus captores dieron la vuelta al mundo. Su cuerpo fue trasladado a Misurata, donde fue exhibido públicamente antes de ser enterrado en una ubicación secreta en el desierto.

El motivo principal detrás de la captura y asesinato de Gadafi fue el colapso de su régimen autoritario y el deseo de los rebeldes de terminar con décadas de represión. Durante su mandato, Gadafi impuso un control absoluto sobre las instituciones del país, sofocando cualquier intento de oposición. Además, su comportamiento errático en la política internacional, incluyendo su respaldo a grupos terroristas y su relación tensa con las potencias occidentales, había convertido a Libia en un estado paria durante muchos años.

La represión violenta de las protestas en 2011 fue la chispa que encendió la guerra civil, pero las raíces del conflicto estaban en las décadas de abusos y marginación de gran parte de la población libia. Las diferencias tribales y regionales también desempeñaron un papel importante, ya que el poder de Gadafi se concentraba en Trípoli y las zonas del oeste, mientras que el este del país, donde se inició la revuelta, había sido históricamente marginado.

El asesinato de Muamar Gadafi no trajo la paz a Libia, sino que desencadenó un período prolongado de caos y violencia. Sin un liderazgo central fuerte y con numerosas facciones armadas compitiendo por el poder, el país se sumergió en una espiral de inestabilidad que, más de una década después, sigue sin resolverse.

Libia se dividió en múltiples regiones controladas por milicias rivales, lo que generó una guerra civil prolongada y la intervención de potencias extranjeras. La falta de un gobierno central fuerte permitió la aparición de grupos extremistas como el Estado Islámico, que aprovechó el vacío de poder para establecerse en el país. Además, Libia se convirtió en un punto clave para el tráfico de personas y el contrabando de armas en el Mediterráneo, agravando la crisis migratoria en Europa.

A nivel internacional, la muerte de Gadafi y la intervención de la OTAN en Libia provocaron divisiones. Mientras que algunos consideraron el derrocamiento de Gadafi como una victoria para los derechos humanos y la libertad, otros argumentaron que la intervención occidental dejó al país sumido en el caos. Las críticas se intensificaron con el tiempo, ya que el conflicto en Libia tuvo repercusiones negativas para la estabilidad de toda la región del Sahel y el norte de África.

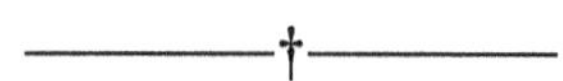

Otros libros del autor Phillips Tahuer que encontrarás en esta plataforma:

Contenido de la Enciclopedia de los Misterios

Volumen 1:
Cap.1 Personajes enigmáticos
Cap.2 Historias perdidas
Cap.3 Seres misteriosos
Cap.4 Superpoderes
Cap.5 Pasado tecnológico

Volumen 2:
Cap.1 Arquitectura intrigante
Cap.2 Culturas misteriosas
Cap.3 Fenómeno OVNI
Cap.4 Abducciones
Cap.5 El Triángulo de las Bermudas

Volumen 3:
Cap.1 Objetos misteriosos
Cap.2 Asombrosas desapariciones
Cap.3 Sucesos sin explicaciones
Cap.4 Mundo fantasmagórico
Cap.5 Hechizos y brujería

Volumen 4:
Cap. 1 Misterios religiosos
Cap. 2 Misterios científicos
Cap. 3 Animales imposibles
Cap. 4 Viajes en el tiempo
Cap. 5 Videntes y profecías

Volumen 5:
Grandes misterios sin resolver

Otros títulos del autor:

Libro 6:
Las más grandes teorías conspirativas

Libro 7:
Grandes atracos de la historia

Libro 8:
Asesinos famosos -el lado perverso de la mente-

Libro 9:
Vidas en cautiverio –Historias de secuestros reales-

Libro 10:
Agentes, informantes y traidores -el mundo del espionaje-

Libro 11:
Piratas del siglo XXI

Libro 12:
Amores trágicos

Libro 13:
30 curiosidades de la II Guerra Mundial

Libro 14:
Oscuros experimentos en humanos

Libro 15:
Héroes de la vida real

Libro 16:
Hombres poderosos en la historia moderna

Libro 17:
Historias de San Valentín

Libro 18:
Lecciones de Psicología práctica

Libro 19:
Desertores

Libro 20:
Atentados y Magnicidios